LA
VICTOIRE DE LORRAINE

CARNET D'UN OFFICIER DE DRAGONS

Avec six Gravures et une Carte.

LIBRAIRIE MILITAIRE BERGER-LEVRAULT

PARIS | NANCY
5-7, RUE DES BEAUX-ARTS | RUE DES GLACIS, 18

1915

Prix : **1 fr. 25**

LA VICTOIRE DE LORRAINE

LA
VICTOIRE DE LORRAINE

CARNET D'UN OFFICIER DE DRAGONS

Avec six Gravures et une Carte.

LIBRAIRIE MILITAIRE BERGER-LEVRAULT

PARIS
5-7, RUE DES BEAUX-ARTS

NANCY
RUE DES GLACIS, 18

1915

NOTA

Les passages remplacés par des points de suspension (........) ont été supprimés par la Censure.

LA VICTOIRE DE LORRAINE

19ᵉ Août.

Une heure du matin. En Alsace, redevenue française, à l'ouest d'Altkirch, sur la voie ferrée, plusieurs trains atten·dent. En rase campagne. Pas un falot. Une pluie fine ajoute aux ténèbres. Un silence de mort. Nous allons embarquer.

Il y a un train par escadron, quatre ou cinq fourgons pour chaque peloton. L'ordre donné, tout s'exécute en silence. Mais c'est long. Les chevaux se laissent faire. Ils commencent à être fatigués et à ne plus s'étonner de rien.

Nous partons. Il n'y a même pas de wagon aménagé. On a pu trouver un peu de paille pour le fourgon des officiers. Nos ordonnances nous ont apporté des couvertures de cheval. C'est à regretter les plus belles nuits de bivouac. Belfort, Lure, Epinal... on roule toute la journée, très lentement, avec d'interminables arrêts. La nuit est revenue. Où allons· nous ? Pourquoi ce départ ?

Personne ne le sait. Le colonel ne dit rien. On forge mille hypothèses : nous allons en Lorraine. Les divisions de cavalerie l'envahissent toute. Ou bien nous allons dans les plaines de Belgique. L'Allemagne est arrêtée devant Liège. On va la bousculer et la chercher chez elle...

Le train marche, s'arrête, continue avec sa lenteur désespérante. Il nous faudra trois jours, si nous allons jus· qu'en Belgique.

20 Août.

Voici de nouveau la nuit. Nous dormons tous, épuisés par le roulement du train. Deux heures. Il s'arrête brusque-

ment. Une gare importante, avec des quais de débarquement.
Un fourmillement de troupes : de la cavalerie, de l'artillerie,
des fantassins. Sur des kilomètres de voie, dans la gare,
en rase campagne, les trains sont arrêtés pour le débarquement des troupes.

Nous débarquons. On est à moitié endormi. Mais cela
se passe bien. Il faut montrer aux fantassins qui nous
regardent comment opèrent des cavaliers. Et c'est réussi.
Pas un accident de cheval !

Le régiment se rassemble. Nous sortons de la gare, à
pied, les chevaux tenus à la bride. Une petite ville de Lorraine, froide, endormie. C'est Charmes. Il y a encore quelques habitants éveillés, deux ou trois jeunes gens, qui conduisent les escadrons vers les hangars où ils pourront s'abriter.
Nous les interrogeons avidement. Que se passe-t-il ?

C'est une victoire inespérée. On dit que dans le Nord,
cela ne va pas très bien ; mais ici les Allemands ont été culbutés. Nos corps d'armée sont déjà devant Metz et Saverne.
Nous allons les rejoindre pour pousser de l'avant...

Je connais trop l'Allemagne pour ne pas garder de scepti-
cisme, malgré mon espérance.

— Allons, allons, me dit un commandant. Vous voyez
bien notre rôle : c'est l'envahissement du Palatinat.

21 Août.

Quelques heures de repos à Charmes ; puis, à cheval, nous
partons tout de suite pour Lunéville. Vers la frontière...
vers la frontière une seconde fois (1). Rude étape... Mais
comme nous la ferons le cœur léger !... La matinée est char-
mante ; un blanc soleil inonde la forêt de Charmes, les col-

------

(1) Le régiment avait participé, dans les premiers jours d'août, à une
audacieuse randonnée de nos troupes en Alsace, au delà de Mulhouse.

lines de Lorraine, la vallée de la Moselle... Demain, nous serons en Lorraine annexée.

En route, le colonel reçoit un ordre : cantonnement à R... C'est un village sur notre route, à mi-chemin. Nous y arrivons bientôt. Nous y finissons l'après-midi, les chevaux dans les granges, les hommes dans les prés, couchés sur l'herbe et dans le foin. Jamais la nature n'a eu tant de paix et tant de joie...

22 Août.

Il fait gris. Ce n'est pas la clarté gaie de la veille. La trompette sonne : « Les officiers au Colonel... ». Nous nous pressons autour de lui. Il transmet les ordres qu'il a reçus. Les voici : le régiment est affecté à la N^e... division d'infanterie. Celle-ci reste dans la région et a reçu la mission d'organiser une ligne de défense, en arrière de Lunéville. Pourquoi cela ? Sans doute pour ne pas laisser inoccupés les hommes des régiments... En attendant, le régiment se portera sur Einvaux.

Nous partons sous une pluie fine.

Pour aller de R... à Einvaux, il faut traverser la grande route qui, de Lunéville, va à Bayon et suit la vallée de la Moselle. C'est la route d'invasion d'Allemagne en France, le fameux passage sans forts d'arrêt entre les places fortes de Toul et d'Epinal, la célèbre « trouée de Charmes ». Cette trouée, par Lunéville, Charmes, Neufchâteau, ouvre la route de Paris, qui n'est qu'à 300 kilomètres : c'est le défaut de la cuirasse.

Le régiment défile sous la pluie. Nous arrivons à la route de Lunéville. Là, brusque arrêt... Qu'est-ce ? Un convoi, que nous ne pouvons couper ; mais le convoi est interminable. Dix minutes passent, une demi-heure, le convoi défile toujours. Ce sont d'étranges voitures de réquisition : chariots, chars à foin, voitures de livraison. Elles se hâtent sous la pluie. Les soldats qui les conduisent se cachent sous les bâches. . . . . C'est au moins le convoi de tout un corps d'armée. Et des blessés, des blessés sur les voitures de vivres ou de munitions...

Qu'est-ce que cette théorie de véhicules se hâtant, dans

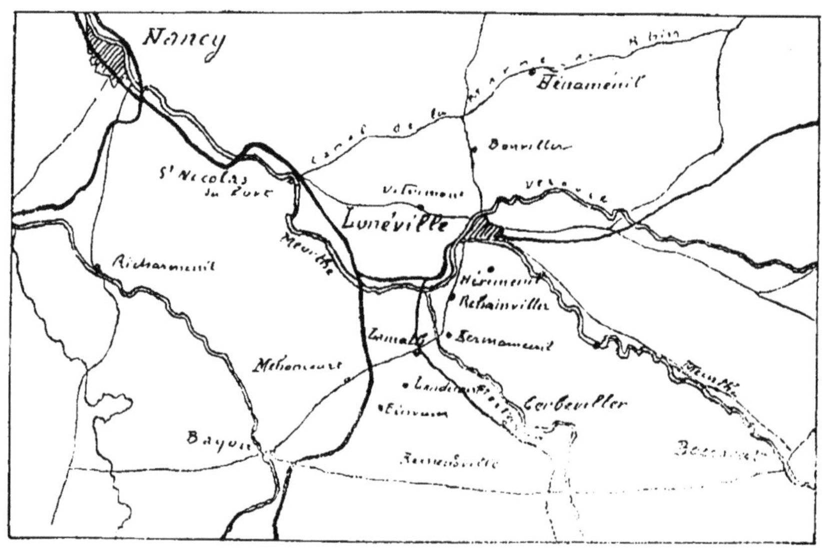

Etapes de l'auteur, officier de dragons.

la boue, vers Bayon, s'en allant de Lunéville, s'éloignant de la frontière ? Une angoisse m'étreint. La raison est simple : les voitures vides vont se remplir dans un centre de ravitaillement. Pourtant, je demeure inquiet... Je laisse mon peloton, et j'arrive à la route même. Plusieurs camarades m'ont imité. Nous tâchons d'interroger les conducteurs; ils ne comprennent pas... Enfin nous arrêtons un sous-officier.

— Qu'est-ce ?

— La retraite !...

Je suis atterré.

Depuis lors, jamais plus je ne pourrai, sans un serrement de cœur, voir des voitures se diriger vers l'intérieur du territoire. L'impression de cette retraite pèsera toujours sur moi.

. . . .

Nous coupons tout de même le lamentable défilé. Il s'étend à perte de vue sur la route. Nous arrivons à Einvaux. Là, le colonel voit notre nouveau général de division. Quelques instants après, nous avons une mission à remplir.

La mienne est précise. Quand le colonel me l'expose, je me sens l'âme meurtrie... Nous ne nous expliquons que trop bien le brusque départ de Mulhouse, pour venir ici comme renforts... Je dois prendre six hommes, traverser la Meurthe, la forêt de Vitrimont, jusqu'à la route de Lunéville à Nancy, qui la borde. Et là, nous devons avancer pour voir où est l'ennemi, qui talonne deux de nos corps battant en retraite.

On organise, depuis le matin, les plateaux en arrière de la Meurthe. La 64e division tient le plateau de Saffais. La 74e tient la trouée, de Saffais à la Mortagne. C'est là, contre ce mur vivant, contre ces poitrines d'hommes que viendront se heurter les corps allemands. Mais quand ? Ce soir, demain ? C'est ce que je dois aller voir.

Au grand trot, à travers bois. Il pleut toujours. Soudain nous débouchons devant un passage à niveau : c'est la ligne d'Epinal à Nancy. J'aurai toute ma vie le souvenir de cette vision...

C'est la retraite de notre armée. De tous les chemins qui viennent de la frontière et se croisent ici, de Lunéville par la grand'route, des troupes arrivent. . . . .

. . . C'est de l'infanterie de ligne ; ce sont des chasseurs, des artilleurs à pied. . . Point de compagnies . . . . .

. . . . . Tous mélangés. Et parmi eux, des paysans qui suivent aussi, en voiture, à pied, des vieillards, des femmes avec leurs enfants, se retirent devant l'invasion.

La pluie régulière les transperce. Tout au loin, on entend le bruit continu de la grosse artillerie qui tonne. Les soldats passent toujours : ce sont des troupes de l'armée active, des hommes de vingt ans ! De plus âgés se mêlent à eux : ce sont les garde-voies de nos lignes ferrées qui, voyant la retraite, se retirent, pour ne pas être pris... Ils marchent aussi vite que le leur permet leur épuisement. Il y a presque autant de blessés que de valides. . . . .

. . . .

. . . . Les voitures des convois, les trains régimentaires circulent au milieu de ces troupes. Les plus fatigués ou les plus atteints ont tâché de les prendre d'assaut.

. . . .

. . . . Les conducteurs hurlent, frappant leurs chevaux, bousculent les voitures, écrasent les piétons pour aller plus vite.

A la sortie de Lunéville — un camarade qui arrive de là, en patrouille, me le raconte — la boue est faite de terre et de sang.

Deux corps d'armée ont ainsi défilé sur cette route toute l'après-midi et toute la nuit.

Mais il me faut remplir ma mission. Où est, au-delà de la forêt de Vitrimont, l'ennemi ?

J'arrive à la Meurthe. Le ciel est sanglant, rayé, zébré par les obus et les shrapnells. Toute la grosse artillerie allemande donne et hâte notre retraite. A l'horizon, sur une hauteur qui domine la route de Nancy à Lunéville, et d'où nos batteries tâchaient d'enrayer la poursuite, la ferme de Léomont flamboie. Un immense brasier qui incendie le ciel. Les obus pleuvent sur la ferme, sur tout le plateau jonché de nos morts, sur la route, sur la forêt...

J'arrive au pont de Mont, sur la Meurthe. Au-delà, c'est la forêt. Les Prussiens arrivent, et l'on n'a pas assez de poudre pour faire sauter le pont. Sur la route étroite, le général est bousculé par les fuyards. Un officier de l'Etat-Major se précipite sur moi.

— Qu'est-ce que votre régiment ? Qui êtes-vous ?...

Il semble hors de lui... Je lui en fais la remarque.

— Mon général, s'écrie-t-il, des renforts !...

Je reprends :

— « Je ne connais pas le nombre des divisions qui arrivent en renfort. Tout ce que je sais, c'est que nous sommes là, et que je vais voir quand l'ennemi sera sur notre dos. » L'officier est furieux. Il voudrait plus de détails. Pour un peu, il me dirait des sottises. J'excuse sa nervosité, et je passe.

Au pont même, un bataillon de chasseurs est encore là. Il se replie, protégeant la retraite. La pluie d'obus se rapproche. La nuit tombe. Ces chasseurs alpins me disent que des patrouilles allemandes sont déjà là, dans la forêt, qu'il est inutile de passer. Je demande un officier pour avoir des détails. L'un d'eux s'avance.

C'est mon frère...

C'est à peine si, dans la tragédie de ces heures, j'avais remarqué que le numéro de ce bataillon d'Alpins était le sien. Je ne crois pas avoir vécu de plus dramatique minute que cette rencontre.

— « Ne va pas dans la forêt ; les Allemands y sont. Ils sont entrés dans Lunéville. Je sors du bois. Ils étaient derrière nous. Le pont va sauter. »

Il me donne quelques détails encore. Une étreinte profonde, et nous nous quittons... Nous reverrons-nous ?...

Alors, je n'ai plus qu'à rentrer. Pourtant, un regret me prend. Je devais aller *voir* où est l'ennemi. Je ne l'ai pas *vu*. Je dois y aller. A 500 mètres, il y a un gué. Nous le traversons et nous entrons dans la forêt. Mes hommes sont décidés à tout. Il n'y a plus, sur la rive droite, un seul soldat français ; quelques blessés seulement. Les shrapnells éclatent au-dessus de nous, trop haut.

Tout à coup, une vive fusillade. Le cheval d'un de mes hommes est atteint. Rien de grave. Les fantassins allemands sont là, cachés dans le bois dont nous suivons la route forestière. Voilà où sont les avant-gardes. Je n'ai plus qu'à me retirer.

Je vais rendre compte de ma mission au colonel, et je lui donne les détails que m'a fournis mon frère sur l'action des dernières journées, et la retraite depuis Dieuze et Sarrebourg.

— Allez donner ces détails au général, me dit le colonel.

Il est dix heures du soir. Nous sommes dans un village, Brémoncourt, je crois. Le régiment en armes, dans un champ, laisse tranquillement tomber la pluie sur ses épaules. Pas la moindre lumière. Les rues du village sont encombrées par les fuyards. Ils se sont arrêtés là, impuissants à aller plus loin. Ils ont faim. Ils dorment. D'autres sont trop las pour dormir. Des enfants d'un même village, de l'Aude ou du Var, se sont rencontrés. Cette retraite les a tout à fait déprimés. Les paysans, qui sentent venir l'invasion, gardent leurs provisions, ne veulent pas leur donner à manger. Aussi les soldats, indignés d'un tel accueil, pliant sous le poids de leurs effroyables épreuves, semblent-ils envahis par un découragement extrême et font entendre d'amères protestations...

Et pourtant, ce sont ces mêmes troupes qui, dans trois jours, reformées, vont contribuer à l'héroïque défense de la trouée, et ne laisseront pas un seul instant ébranler la muraille vivante dressée contre l'envahisseur. Chaque soldat deviendra un rempart infranchissable. *Miles murus erit.*

Le général de division est à Bayon. J'y cours. Je lui rends compte de ce que j'ai vu vers Lunéville et Vitrimont : toute la retraite... Mais les Allemands n'ont pas traversé la Meurthe, et ils ne pourront pas arriver avant le lendemain.

Le général est au courant. Le général d'armée, celui-là même qui commandait les corps qui se replient, vient de lui donner des ordres.

— Le général en chef vient de nous donner pour mission de tenir les hauteurs de Belchamp. Je vous garde comme liaison cette nuit. Allez là, voyez si on peut s'installer dans la ferme. Je vous y rejoindrai.

Belchamp est une ferme sur la route de Lunéville à Bayon. Point stratégique essentiel, au centre d'une série de hauteurs, dominé par une colline de 413 mètres, la plus forte élévation du pays, jusqu'à la Meurthe. C'est le cercle de ces hauteurs qui va servir de falaise, la falaise contre laquelle viendra mourir la formidable tempête allemande.

Je pars pour Belchamp. Je n'ai avec moi que mon ordonnance. Mon peloton est à Brémoncourt, avec l'escadron. La ferme est vide. L'emplacement est admirable comme poste de commandement. J'attends.

Un moment après, arrive un officier. Je reconnais ce capitaine d'état-major que, quelques heures avant, j'ai vu à Mont. Il avait parlé de me punir, parce que je ne pouvais lui dire combien de renforts arrivaient au secours de son malheureux corps. Il ne s'occupe pas de moi. Il dit aux ordonnances qui l'accompagnent :

— C'est parfait ici. Voyez dans les chambres. Nous allons y passer la nuit.

Je m'avance :

— Mon capitaine, j'ai ordre d'occuper et de réserver cette ferme.

— Je la prends : ordre du général de corps d'armée.

— Je la garde, mon capitaine : ordre du général d'armée. Il n'y a qu'à s'incliner. J'ajoute :

— Le commandant d'une division fraîche va y installer son poste.

— Mais, Monsieur, vous devriez comprendre, me dit-il en élevant la voix, que le général de mon corps d'armée est épuisé et que nous devons nous reposer...

— Bayon n'est pas loin, mon capitaine. Ici nous allons à notre tour nous battre et non dormir.

— Enfin, Monsieur, laissez-moi en paix. Nous n'en pouvons plus.

— Oui, je sais, mon capitaine, que vous avez fait beaucoup de chemin depuis quelques jours...

Le capitaine est sorti sans me répondre. Je ne l'ai pas revu. Une heure après, un général, commandant une des brigade de la N° division que j'attendais, vient s'installer à Belchamp.

Est-ce aujourd'hui que vont déferler les vagues allemandes ?

La rive droite de la Meurthe, Nancy et le Grand Couronné sont défendus par le général Foch et le 20e corps d'armée. Nous sommes arrivés trop tard pour protéger Lunéville. C'est en arrière que la résistance s'est organisée, de la Meurthe, sur la rive gauche, à la Mortagne. Une ligne de colline en forme d'arc. Les deux bouts touchent aux deux rivières. Le centre même, c'est cette route de Lunéville à Bayon, qui continue sur Charmes, Neufchâteau et la vallée de la Marne.

C'est là que les Allemands vont foncer, comme le bélier antique, pour faire une brèche. Nous comprenons vaguement leur plan. Nous l'avons mieux vu plus tard. Par la Belgique, ils sont arrivés devant Paris. Par la trouée de Charmes, une autre armée devait menacer, sur son aile droite, notre armée qui reculait du Nord, opérer sa jonction avec le reste de l'armée allemande, en se soudant à l'armée du Kronprinz qui envahissait l'Argonne, nous envelopper, cantonner, comme tous les corps prussiens, à Paris.

Du 24 août au 12 septembre, pendant trois semaines, l'armée de Lorraine est restée inébranlable, et le plan allemand échouait là, comme il échouait sur la Marne.

Quels événements avaient précédé et amené cette situation ?

L'armée du général de Castelnau, formée des 15e, 16e et 20e corps, prenant l'offensive en Lorraine, se heurtait le 20 août à une ligne de fer et de béton armé. A sa droite, au sud de Sarrebourg, l'offensive était laissée à l'armée du général Dubail qui passait par les cols des Vosges ; plus au sud encore, c'était la dernière armée, celle du général Bonneau qui avait poussé en avant de Mulhouse, menaçant Colmar.

Sur les défenses formidables élevées par les Allemands, qui nous y attiraient, à Sarrebourg, à Dieuze, à Morhange, vint se heurter l'armée de Castelnau. Elle avait en face d'elle l'armée du kronprinz de Bavière, à gauche les troupes qui venaient de Metz, à droite les corps du général von Heeringen. L'ennemi a une supériorité de nombre écrasante. Nos troupes sont jetées dans la fournaise contre un mur qui crache la mort. . . . .

C'est dans ces conditions que notre armée dut se replier, poursuivie par les obus et les balles prussiennes, quatre jours, sans un instant de repos. Les troupes étaient mortes de fatigue. C'est dans cet état que je les ai vues passer.

Mais cette armée a sauvé son honneur par la résistance éperdue des bataillons de chasseurs Alpins qui ont couvert la retraite, puis par la bataille de Vassincourt qui assura dans l'Argonne l'écrasement du Kronprinz. . . . .

Mais la retraite des corps d'armée qui avaient un instant fléchi sous le nombre, entraîne par là même le recul de toute la ligne. Au sud, l'armée de Dubail doit se retirer aussi ; car son flanc gauche est découvert. Ce sont les 8e, 13e, 14e et 21e corps. Ils résistent de Baccarat à Raon-l'Etape, à Saint-Dié, prolongeant dans leur résistance, dès le 22 août, la ligne de défense que nous venons de créer depuis Nancy, sur la Meurthe et sur la Mortagne.

Un seul des corps du général de Castelnau a résisté : le 20e. C'est le général Foch qui le commande. L'héroïsme ferme de ce corps et la tactique de son général ont sauvé Nancy. Jamais on ne dira assez combien le général Foch a sauvé du désastre l'armée de Lorraine. Il est devant Morhange. Quand, à sa droite, les deux corps fléchissent, il se retire également pour ne point être cerné. Mais c'est une retraite ordonnée et méthodique. Le 21 août, la 11e division — c'est la division de fer — arrive à Dombasle, entre Lunéville et Nancy. Elle a dans les jambes une marche forcée de 70 kilomètres. Pas de repos. Le général Foch lui donne l'ordre de passer et de s'organiser sur la rive droite de la

Meurthe, en avant de Nancy ! L'ennemi est là. Toute la journée, il se heurte, à Flainval, contre la 22e brigade, qui ne bouge pas. Et c'est le début de la bataille du Grand Couronné.

Ainsi le 20e corps défend Nancy. Le 16e et le 15e n'ont pu défendre Lunéville. Ils y arrivent aussi le 22 août, mais sont forcés de se retirer. Nos divisions de réserve sont là, la 74e surtout, installée, comme nous l'avons expliqué, de la Meurthe à la Mortagne. Elles forment un rideau. Les deux corps vaincus les traversent et, derrière elles, se reforment. Ils se sont reformés avec une souplesse méridionale étonnante. Et ce fut un sujet d'admiration sans pareil, que de voir ces soldats hier encore, battus, découragés, revenir ardents à la bataille deux jours après, leurs régiments reformés, les brigades dans la main du chef, — lutter en héros — et vaincre !

C'est ainsi que se présentait la situation au matin du 23 août.

Mais nul ne saura jamais assez quel a été le rôle de cette division, qui, de la Mortagne à la Meurthe, a formé le rideau de fer derrière lequel les corps se sont reformés, qui a défendu la route de Charmes, et arrêté l'invasion. Le général Bigot, qui la commandait, et le général Foch, ont été les deux héros de cette armée de Lorraine. L'histoire le dira...

. . . .

Nous attendions donc pour aujourd'hui le choc des Allemands.

Il n'est point venu.

Sans doute sont-ils épuisés par leur poursuite, et prennent-ils une journée pour préparer leur attaque massive. Attendons demain.

On finit de s'organiser.

La division Bigot aura, nous l'avons dit, son centre de résistance à Belchamp, sur la route de Bayon. A gauche, le 15e corps tiendra Saffais, en liaison avec le 20e. Sur les hauteurs de Brémoncourt, à Belchamp, sur cette falaise qui domine la trouée où s'engagera l'armée allemande, s'installe l'artillerie lourde du 16e corps...

LA MAIRIE DE HUDIVILLER. — FERME DE MOHON

près Lunéville (Septembre 1914)

Gravure extraite de l'Album :

DEVANT LE GRAND COURONNÉ, par Alfred Lévy.

A midi, je pars en reconnaissance avec mon peloton,
le long de la Meurthe, pour voir à Damelevières et Blain-
ville les mouvements de l'ennemi. Pas d'incident. En pas
sant près d'un petit bois, au retour (il fait presque nuit)
on nous tire dessus assez vivement. C'est un petit poste
français qui nous prend pour des uhlans ! Personne n'est
atteint.

Les patrouilles allemandes ont franchi, ce soir, la
Meurthe.

24 Août.

C'est aujourd'hui qu'a éclaté l'ouragan.

Les colonnes ennemies viennent de partout : de Damelevières, de Mont, de Lunéville. Elles se réunissent autour
de la fameuse route de Lunéville à Bayon, coupée par nos
positions défensives. Nos postes avancés se replient devant
cette marée. Des deux côtés de la route, du bois de Vacquenat et du bois de Clairlieu, débouchent compagnies après
compagnies, régiment après régiment. En même temps,
le bombardement commence. Les obus et les shrapnells
pleuvent — ils pleuvent littéralement — sur le plateau. De
la ferme de Léomont à Belchamp, sur plus de deux kilomètres, le sol est labouré comme par une gigantesque charrue.

A partir de une heure de l'après-midi — sous un ardent
soleil en fête — nos batteries ouvrent le feu. Un feu d'enfer.
Elles ont tiré toute l'après-midi et toute la nuit. Les Allemands se sont tus ; une seule rafale énorme, le soir. Quand
les Allemands auront cédé, nous verrons les effets de ce tir.
Sur deux routes où s'avançaient leurs colonnes, de cinquante en cinquante mètres, à droite, puis à gauche, il y a

les trous de nos Rimailho ou de nos 75. C'est si régulier,
qu'on dirait ces trous creusés méthodiquement, à intervalles calculés par des cantonniers. Les arbres fauchés.
Rien n'a dû survivre de ce qui passait sur ces routes. De
ces trous d'obus où la terre s'éboule, larges et profonds de
deux mètres, un cadavre s'échappe, un bras, une jambe
surgissent. Et il y a surtout des fusils, des milliers de sacs
allemands, à la fourrure fauve. Il y a dans l'un de ces trous
béants un cavalier, avec son cheval. Dans un autre, un
fourgon en miettes disparaît...

Le duel d'artillerie est engagé. La cavalerie n'a rien à
faire. Mais on nous laisse en haleine, les chevaux sellés pour
les empêcher de prendre quelque repos. Nous passons toute
la journée dans un petit bois qui frémit de la canonnade.
A onze heures, je vais me promener avec mon ordonnance.
Il y a des Alpins à une ferme, la ferme du Bois, sur le plateau.
Je cherche mon frère. Il est là. Je trouve un poulet, que mon
ordonnance fait cuire. Mais le bataillon part avant qu'on ait
pu manger la volaille. Il part pour l'attaque. C'est assez
navrant de se séparer sur cette impression. Nous reverrons-
nous ?...

L'après-midi, nous n'avons pas fait grand'chose. Un général de brigade a vu un mouvement de troupes sur le plateau qui domine la Meurthe. Il nous y envoie, plein d'anxiété.
L'escadron part au grand trot. Mais le général Bigot, qu'on
rencontre, arrête le capitaine et nous renvoie sur nos pas.
Ce sont des régiments du 15ᵉ corps qui ont été pris pour
l'ennemi !

25 Août.

Nous avons bivouaqué sur une étrange colline, autour
d'une ferme démolie. Pas de paille. Rien pour s'abriter.
Notre casque comme unique oreiller.

A trois heures du matin, nous partons. Sous les feux de
l'artillerie qui continue à tonner, l'ennemi bat en retraite.
Il faut le trouver. Il aurait, dit-on, déjà traversé la Mortagne.

Sur la route de Lunéville un pont traverse cette rivière,
et sur chaque rive est un village, Lamath à gauche, Xermaménil à droite. L'ennemi s'organise dans ce dernier village.

Au point du jour, nous entrons à Lamath. Un silence de
mort. Un paysan est sur la crête qui domine le village. Il
m'appelle à grands gestes, pour me faire voir, en face, des
Allemands. Je vais à lui. A peine a-t-il agité ses bras, qu'un
shrapnell éclate au milieu de l'escadron caché pourtant
derrière la crête, invisible aux Allemands.

Cet homme est un espion. Je veux le faire saisir. Mais,
brusquement, une fusillade terrible éclate. Les hommes
roulent à bas de leur cheval. Je me précipite vers mon peloton où le désordre se met. Il y avait des Prussiens dans le
village. Ils sont cachés dans les maisons et tirent, par les
fenêtres, sur nous. Que faire ? Charger contre des murs ?
Nous sommes venus là comme des hannetons, sans éclai-
reurs. Il n'y a qu'à partir sous le feu de l'ennemi, et sans
pouvoir riposter. On ne s'en prive pas : les pelotons partent
à toute bride, à travers champs. C'est une assez triste dé-
bandade. Mais les balles pleuvent des maisons et du cimetière où des fantassins étaient embusqués. Je crains qu'il
n'y ait des fils de fer dans le champ et que l'escadron entier
ne culbute contre eux. Aussi, je rallie mon peloton et nous
partons au galop, par la route. Pas un homme n'a bronché.
Nous arrivons jusqu'à un petit bois où l'on se compte.
Quelques éraflures. Rien de grave. Bientôt tout l'escadron
est reformé. Une estafette est envoyée pour prévenir les
fantassins qui vont arriver. Nous n'avons qu'à attendre.

— Mais où est la voiture d'ambulance, dit tout à coup
le capitaine.

Elle est introuvable. Plus de voiture d'ambulance !
A coup sûr, le conducteur a été tué, et elle est restée dans le

village. Je m'avance à la lisière du bois. La voiture est au milieu de la route, à un kilomètre de nous, à la sortie même du petit bourg. Et j'ai à l'intérieur un de mes brigadiers, qui s'était blessé en tombant de cheval.

Mon camarade, le lieutenant L... et moi décidons d'aller la chercher. Le capitaine est partagé entre le désir de retrouver sa voiture et la peur de nous perdre. Finalement, il nous permet d'y aller.

Ce n'est pas drôle. Dès que nous avons débouché de la forêt, les balles sifflent autour de nous et s'écrasent par terre. Nous entrons l'éperon dans le ventre des chevaux. Nous voilà devant l'ambulance. Les balles pleuvent. Un shrapnell éclate. Oui, les Allemands **tirent** à obus sur des cavaliers isolés et sur une voiture où flotte la croix rouge !

Je descends rapidement de cheval et monte sur le siège. Le cheval de l'ambulance ne veut pas **démarrer**. Il n'y a **pas de fouet**. Je hurle. La bête reste impassible. Les balles jaillissent en gerbes. C'est une seconde terrible. L... tient mon cheval par la bride et hurle aussi. Enfin, je m'aperçois que le frein est serré. Je le desserre. Rien à faire. La bête ne démarre pas. Je redescends, je prends mon sabre à la selle et remonte sur le siège. Je tape sur la rosse à grands coups de plat. L... en fait autant. Alors elle part d'un trot paisible...

Nous n'avons pas été atteints... L... a eu son cheval blessé. Et nous sommes arrivés tranquillement, conduisant comme au Bois l'attelage, jusqu'à l'escadron qui nous a acclamés.

Quant au conducteur, entendant les balles et voyant sa rosse si lente, il avait sauté à bas de son siège et détalé le long du fossé... Nous ne l'avons même pas fait passer en conseil de guerre : on n'a pas le temps de penser à cela en ce moment !

La journée passe. Au soir, nous apprenons que la prise de Lamath a été très dure. C'est le 6ᵉ bataillon d'Alpins qui en a eu l'honneur. Me voilà vengé de l'embuscade de la matinée.

26 Août.

Toute la journée encore, les canons ont craché. Les engagements d'infanterie ont été épouvantables. Mais tous les éléments ennemis qui traversent la Mortagne et la Meurthe viennent se briser sur notre front.

Les bois sont remplis de cadavres. La puanteur commence à être écœurante. Par moments, on en est indisposé.

A l'entrée du bois du Vacquenat, sur la route de Lamath à Méhoncourt, — et j'ajoute, pour bien préciser, au croisement de cette route et d'un layon allant à la ferme Saint-Antoine, — nous avons vu ce matin un dragon français pendu à un arbre par les pieds, la tête en bas, le ventre ouvert, le corps dépecé. Je me jure d'en faire autant au premier Allemand que je prendrai. Quelques heures après, nous trouvons un tas de blessés allemands et deux ou trois fuyards parmi eux : malgré la vision du matin, nous n'avons pu nous empêcher de les ramener prisonniers sans leur faire aucun mal, et en leur donnant à boire...

Le soir, les éléments avancés des ennemis reculent. Nous poursuivons les traînards. Mais nous arrivons devant le village de Landécourt. Une compagnie de chasseurs est avec nous. Je rends compte au commandant que le village est occupé. Une rapide reconnaissance m'a permis de le constater.

Les Alpins attaquent le village. Ils se profilent, en lignes de colonne et en tirailleurs, par sections. Nous autres, nous sommes retirés, prêts à poursuivre.

Quelques Alpins tombent. Mon frère est là. C'est terrible, terrible de regarder, avec ma jumelle, le geste de ces pauvres hommes, d'épier leur façon de tomber pour voir si je ne reconnaîtrai pas un mouvement familier de mon frère, pour me rendre compte s'il n'est pas atteint...

J'ai rarement vécu des heures plus angoissantes.

Mais le village n'a pas beaucoup résisté. Les Allemands

sont partis rapidement. Il n'y a pas grand mal. J'y cours
au galop. J'ai le temps d'embrasser mon frère, et je rejoins
l'escadron.

Nous cantonnons dans un village, où nous avons passé
il y a trois jours. L'artillerie s'y installait. Je me rappelle
qu'un pauvre bougre d'artilleur était sur un caisson, le pied
mutilé par un éclat. Mes hommes le portent dans la maison
d'un paysan cossu et rapace. C'est à peine s'il veut le laisser
entrer. Il refuse de lui donner à boire ou à manger ; il n'a
rien... Une heure après, quand nous repassons, le paysan
avait sorti le blessé qui râlait sur le seuil de la porte... Oh
décidément, il n'y a pas que des «patriotes» dans les régions
de l'Est... Mais nous n'avions pas le temps de nous arrêter !

Le soir, nous retournons à ce village. Je reviens chez le
paysan. Mais il est parti, affolé par les obus, craignant
que les Allemands ne nous bousculent.

J'ai mené mon peloton chez lui. Mes hommes se souve-
naient, et ils étaient furieux. Sa cave a été mise à sac. J'ai
laissé boire le vin tant qu'on en a voulu. J'en ai fait porter
aux autres pelotons. Mes dragons, qui n'ont jamais commis
un acte de pillage, qui ont en tout gardé la plus rigoureuse
discipline, ont fait cela joyeusement... Ils ont fait payer à
ce paysan sa cruauté envers l'un de ceux qui mouraient
précisément pour protéger sa maison...

Pour la première fois, les chevaux ont pu être enfermés
dans une écurie et être dessellés ! J'ai failli aussi dormir
sous un toit. Mais j'ai dû passer la nuit avec six hommes,
en patrouille... Malechance. Mais c'était mon tour.

27 Août.

La bataille continue avec acharnement. Il semble que la
poussée des ennemis ait légèrement changé de direction.

Leur attaque est moins massive. La route de Bayon et de Charmes n'est plus leur objectif. Ils ont longé la Mortagne jusqu'à Gerbéviller et Moyen, et veulent par là nous percer à notre aile droite, à l'endroit où le contact s'établit entre le 8e corps et notre division.

Depuis deux jours, à Rozelieures, à Clayeures, à Réménoville, c'est une véritable boucherie. On ne se bat plus qu'à la baïonnette. Héroïsme utile de nos troupes. Les Allemands ont repassé la Mortagne et ne peuvent plus revenir sur notre rive gauche.

Nous entrons dans Réménoville, qui vient d'être évacuée. Les maisons brûlent sous le clair soleil qui se lève. On piétine les cadavres mêlés des Bavarois et des Français. Il y a le long du village un petit ruisseau qui va se jeter dans la Mortagne. Je n'ai pu y faire boire mes chevaux, tant il était encombré de cadavres et de charognes. L'eau qui coule est rose... A la sortie qui débouche vers Gerbéviller, la lutte a dû être effroyable. Les corps s'amoncellent. Un obus allemand est tombé dans un groupe de soldats, et a fait écrouler un mur. Les membres de ces hommes sont épars et déchiquetés. On voit un malheureux dont les entrailles ont été projetées à dix mètres, sur les fils de fer qui bordaient le champ.

La bataille progresse vers Gerbéviller. Il y a là en action un régiment de coloniaux. Il a perdu deux colonels depuis le 24 août — en cinq jours ! Le troisième vient d'arriver : un commandant promu, qui a vingt campagnes et dix médailles. Tout jeune encore. Il se présente au commandant de la brigade.

— Bien. Très bien. Votre régiment se défile vers la Mortagne. Vous pourrez le rejoindre quand vous voudrez. Il est là...

Et le général lui montre l'endroit sur la carte, puis, d'un geste large, l'horizon boisé où tombe la mitraille. Des obus, du reste, tombent à droite et à gauche dans le village. Il poursuit :

— Prenez garde : deux colonels ont été déjà tués.

— Je serai le troisième, répond le jeune colonel en souriant. Jamais deux sans trois...

Un bruit formidable. C'est un obus qui, ne blessant personne d'autre, éclate là et le décapite. Il a commandé nominalement pendant dix minutes son régiment...

28 Août.

Une batterie de 75 va s'installer sur une hauteur, très près de l'ennemi, mais séparée par la rivière ; son tir pourra être épouvantable. L'escadron la soutiendra.

La pluie nous transperce. La faim nous talonne. Depuis notre arrivée en Lorraine, les convois n'ont guère pu s'organiser et les voitures nous rejoindre au milieu de cet ouragan. En somme, nous n'avons eu que notre boîte de conserves, les mirabelles des arbres pliant sous leur poids, et les pommes de terre prises dans les champs. On a faim.

Nous sommes arrivés sur ce plateau d'où l'on domine les positions des Allemands. Les canons se défilent et s'installent. A peine en position, les shrapnells éclatent autour d'eux. On ne doit pourtant pas voir les canons de chez l'ennemi.

Avec leur mobilité extraordinaire, nos pièces changent de place. Même jeu. Elles n'ont pas eu le temps de tirer, qu'elles sont arrosées par un feu précis. La comédie se renouvelle une troisième fois. C'est désespérant. Il n'y a pourtant dans le ciel gris aucun aéroplane. Quel est ce mystère ? Nous le découvrons.

A trois cents mètres en avant, et de l'autre côté de la crête, vers les Allemands, on voit un troupeau de moutons. Chaque fois que nous nous déplaçons, le troupeau nous suit. Un officier allemand regarde avec sa jumelle. Il sait que la batterie est à trois ou quatre cents mètres en arrière du troupeau...

Je fais arrêter le berger. Cet espion a été fusillé après avoir avoué, deux jours après. Il avait vendu sa patrie et sa vie pour cent francs !

Quant aux moutons, nous les avons chargés. La lance en avant dans le troupeau ! Don Quichotte n'a jamais accompli plus bel exploit. Et l'on disait qu'il n'y aurait plus de charge de cavalerie... Celle-ci prélude aux charges, nombreuses encore, de patrouilles contre patrouilles, et aux grandes charges qui, dans le Nord, après la Marne, nous ont évité d'être enveloppés par un mouvement débordant de l'aile droite allemande.

Nous avons donc poursuivi les moutons pendant un kilomètre. Puis, nous les avons laissés paître paisiblement. Derrière eux, pendant toute la journée, les obus allemands sont tombés. Ils ont bien ainsi perdu deux ou trois cents obus... Et notre batterie a pu faire une rude besogne.

En rentrant, le soir, je passe par Landécourt. Il pleut toujours... Un convoi de prisonniers défile. Trois cents hommes environ, parmi lesquels sept officiers. Ils se sont rendus à des Alpins à Xermaménil, où ils ont été cernés dans le château, par une section... Mais que vois-je ? C'est mon frère et sa section qui les mène au corps d'armée ; ce sont ces braves qui ont réalisé cet exploit. J'en suis tout ému...

Mon peloton se repose dans ce village. La pluie a pénétré jusqu'aux os. Un de mes sous-officiers est allé jusqu'à une maison démolie. Il y a là des hommes du train qui ont fait une soupe chaude, une soupe où tous les légumes et un morceau de viande se mêlent. Mon sous-officier vient me chercher et ces braves tringlots m'offrent une assiette de leur soupe. J'en garderai toute ma vie le souvenir. C'est pour la première fois que nous absorbons quelque chose de chaud depuis que nous sommes en Lorraine...

29 Août.

Nous progressons sérieusement vers Gerbéviller. Un régiment a pu passer la Mortagne et se maintenir dans des tranchées. Il a eu l'héroïsme de se faire décimer à la première tranchée allemande, sur les collines qui dominent le bourg.

Notre régiment reçoit l'ordre de passer la rivière. Il y a un gué ; mais on ne peut songer à le traverser. Nous sommes là à découvert. Une grêle de balles tombe sur nous. Il en tombe plusieurs milliers par minute. Les hommes dégringolent. Cette mission est impossible à remplir de jour.

Nous nous abritons dans un petit bois. On fait l'appel. Mais les shrapnells nous suivent. Ce sont des shrapnells de 77... Cela ne nous empêche pas, harassés, de nous étendre sur l'herbe détrempée et de nous endormir au grand soleil.

Et pourtant les obus pleuvent.

C'est épouvantable. L'un d'eux éclate soudain. Il tue ou blesse six hommes et atteint notre colonel... Nous en sommes très affectés. Il est mort quelques heures après, en disant au général : « Je n'ai pas pu accomplir ma mission... Pardonnez-moi. Elle était trop difficile à remplir... »

30 Août.

Une batterie lourde est installée quelque part, sur la rive gauche de la Mortagne, derrière une colline, au sud-est de Gerbéviller. De là, elle prend de flanc nos tranchées, balaie les routes où s'avancent nos colonnes, arrose les bois où nous nous réfugions. Elle rend bien pénible notre pro-

gression contre la petite ville et contre toute la ligne des
fortifications allemandes dominant la rivière.

— Allez voir si vous pouvez découvrir où se cachent
ces oiseaux-là, me dit le commandant.

Ils doivent être cachés dans un bois, ou très bien
abrités ; car nos aéroplanes n'ont pu les découvrir.

Il me faut passer la Mortagne. La matinée est ravissante.
Je traverse des bois adorables où se joue le soleil. Tous les
bruits y sont étouffés. On n'entend plus le canon. Qui croi-
rait à la tuerie voisine ? Cependant, je suis le cours de la
rivière pendant plusieurs kilomètres, afin de pouvoir la
traverser sans être sous le feu des postes prussiens. En effet,
la ligne ennemie bifurque, à l'est, vers Baccarat et Raon-
l'Etape. Mais là, le 8e corps français lui est opposé. Pour le
moment, l'effort du combat ne se porte point dans cette
région : ce n'est pas la ligne de tranchées continue et infranchissable que nous rencontrons partout ailleurs.

Nous traversons la rivière à gué — un gué que ne porte
point ma carte, mais que m'indique un paysan — pour éviter que quelque observateur ennemi qui surveille les ponts
ne m'aperçoive au bout de sa jumelle. Par de petits sentiers
encaissés, nous nous défilons, remontant, sur la rive occupée
par les Allemands, la Mortagne, vers Gerbéviller.

A huit cents mètres, nous voyons poindre une sentinelle. Nous obliquons, cachés par le mouvement d'une colline. Nous longeons un petit bois. Mais il est visible que la
lisière en est occupée, et chaque layon bien gardé. Un de mes
hommes met pied à terre. Nous l'attendons dans un fourré.
Il va, en rampant à travers champs, se cachant dans l'avoine,
derrière les arbres et les fossés, jusqu'au bois. Ainsi, il parvient à trouver un passage entre deux postes prussiens.
Nous entrons dans le bois sans avoir été vus. Les taillis
et les fourrés sont impénétrables. Les branches forment un
réseau qui nous déchire la figure. Nous le forçons, le casque
en avant, les éperons dans le ventre du cheval. Nous arrivons enfin jusqu'à un chemin...

Suivons-le. Du reste, nous marchons vers le canon. Les

cinq et les six coups de la batterie allemande, — des coups
sourds avec un tintement de clochettes, — se font entendre,
pour bien nous montrer le chemin des pièces que nous
cherchons.

Marche angoissée et rapide. Nous sommes en pleines lignes
allemandes. A notre gauche, une éclaircie. Je m'avance pour
m'orienter. Nous dominons la Mortagne, en face du village
de Vallois. Nous suivons pendant quelques instants la lisière
du bois — à une certaine distance, pourtant. Mais un groupe
de soldats ennemis nous oblige à nous enfoncer dans un
taillis. Alors je laisse là nos chevaux, sous la garde d'un
homme, et nous marchons à pied, nous glissant le long du
sentier dans les fourrés. Nous approchons d'une hauteur :
la pente est dure, et la forêt doit finir ; car les arbres et les
arbustes sont assez clairsemés. Le bruit des obus éclate
tout près de nous. Le canon n'est pas loin. Notre marche
est silencieuse, et nous avons peur des branches pliées, qui
crient en se redressant, et pourraient révéler notre pré-
sence.

Une ligne lumineuse. C'est l'orée du bois. Tout au long,
dans le fossé, des soldats allemands. Ils dorment ou font la
soupe. Ce sont des fantassins, au casque pointu, et non pas
des artilleurs. Ils sont là — nous nous avançons encore —
à 300 mètres. S'ils observaient la profondeur du bois, ou s'ils
écoutaient les bruits indistincts, nous serions surpris. .

Nous longeons la ligne qu'ils forment. Bientôt nous n'en
voyons plus. Nous pouvons aller plus près, déboucher même
du bois. Personne, sauf une sentinelle. Elle est là, par ac-
quit de conscience, sans rien observer. Cent mètres nous
séparent.

Mon ordonnance me fait un signe expressif. Je lui réponds, de même : Oui...

Et le voilà parti en rampant. Nous nous sommes tapis
sur la mousse, dans une angoisse extrême. S'il réussit, notre
mission est terminée. Mais si la sentinelle peut donner
l'éveil, nous sommes pris.

Mon ordonnance s'appelle Martin, ou plutôt nous lui

avons donné ce nom. C'est un Alsacien, qui était aux dragons de Darmstadt et a déserté trois jours avant la guerre, pour s'engager chez nous. On lui a changé son nom alsacien pour éviter qu'il soit fusillé, s'il est pris. Il est terrible. Sa seule joie est de tuer ou de sabrer les Prussiens. Toute ma vie je le verrai, comme pendant la campagne, viser méthodiquement avec sa carabine et tirer, en accompagnant chaque coup d'une énergique injure à l'égard des Allemands :

— *Gochon !... Gochon !...*

Injure invariable.

A présent, il rampe tranquillement, sans hâte, avec son calme d'Alsacien. A deux mètres de la sentinelle, nous le voyons se dresser, la saisir par derrière, lui planter autour du cou ses mains énormes, l'étendre par terre, râlant... Pas un coup de feu, pas un appel. L'éveil n'est pas donné.

Nous courons à lui. Il rit, étendu sur la sentinelle qui étouffe. On desserre l'étreinte. Je mets sur la tempe de l'allemand le canon de mon revolver. Mais mon homme, terrorisé, sera sage. Je le laisse à la garde de Martin, qui l'a désarmé et le tient toujours couché. Et nous sautons hors de la forêt, dans le fossé.

Inutile d'avancer plus loin. La batterie d'artillerie est là.

A cent mètres de nous, cachées par les hauteurs environnantes, abritées par les branchages qui font croire que la batterie n'est qu'un bosquet de notre bois, sur un terrain battu et préparé par le génie, six pièces sont installées et crachent tranquillement la mort. Les artilleurs s'empressent autour des pièces. Sur une route, au-delà d'un petit ruisseau, à deux cents mètres en avant, il y a le train de ravitaillement.

Il ne m'en faut pas plus. Je pointe sur ma carte l'endroit repéré, et nous rentrons dans le bois. Martin est toujours avec la sentinelle. Il l'a bâillonnée avec une ceinture de flanelle, et lui a lié les poings avec sa bretelle de carabine et une ficelle qu'il a toujours avec lui...

Nous partons prudemment jusqu'au fourré, où nous

avons laissé nos chevaux. Ils sont là, avec l'homme qui les gardait...

— Je pensais bien que vous ne reviendriez pas, dit-il, mon lieutenant.

— Tu t'es trompé... En selle !

Nous montons à cheval et enfilons le sentier. Nous avons laissé la sentinelle, trop encombrante pour l'emmener prisonnière. J'ai eu toutes les peines du monde à empêcher Martin de lui donner, comme souvenir, un bon coup de sabre.

— *Gochon... Gochon*, — disait Martin, — tandis que mon « gochon », bâillonné, les mains liées, mais les pieds libres, s'enfuyait au plus vite.

Pour nous, nous prenons le galop dans le sentier. Il nous faudra traverser une ligne de postes. Le mieux est de les surprendre en allant à fond de train. C'est ce que nous avons fait. Nous sommes ainsi sortis du bois, sous le feu des postes et des sentinelles qui nous ont manqués.

Au grand trot, nous rentrons rendre compte de notre mission, et je m'abouche avec le capitaine qui fera taire les gros canons allemands.

Je lui montre ma carte et lui explique ce que j'ai vu.

Une heure après, ses pièces arrosaient les parages d'où nous venions. Leur arrosage dure 30 minutes : la batterie allemande était anéantie, après n'avoir riposté que quatre ou cinq coups.

31 Août.

Repos pour nous. Cette nuit, des obus sont tombés dans le champ où nous bivouaquons. Bombardement inoffensif, du reste.

Le nombre des blessés est immense. Cet assaut le long
de la Mortagne est désolant. Les automobiles, en files
interminables, viennent, le soir. On y lit encore les enseignes
de grands magasins de Nancy et de Lyon, d'hôtels de
Grenoble et de la Côte d'Azur. Il y a aussi des cars alpins.

Les médecins opèrent dans des granges, sur de la paille,
les plus malades ; et puis, tout cela est emporté dans les
autos... Un fouillis terrible parmi ces voitures innombrables,
trépidantes ; et pourtant, sans qu'on sache comment, tout
cela s'organise et l'évacuation s'opère fort bien.

1ᵉʳ Septembre.

Nous sommes toujours à Réménoville. Notre rôle est
désormais insignifiant. Plus de reconnaissances. Il semble
que sur toute la ligne de la Mortagne, où les infanteries
sont en contact, ce ne soit qu'une longue bataille à la baïonnette...

J'ai été assez occupé à l'État-major aujourd'hui. Les
prisonniers allemands sont nombreux, ce qui indique un
affaissement dans la résistance ennemie. Il s'agit de les interroger. J'ai fort à faire ; car les deux officiers interprètes,
celui de la brigade et celui de la division, ne connaissent... que
l'italien !

Il est difficile de faire parler les Prussiens, les sous-officiers surtout. Mais on arrive à avoir des renseignements
précis par les Bavarois, lâches quand ils sont pris ; il faut
surtout, avant, les mettre en confiance en leur parlant de
leur village et de leur femme. Alors, ils pleurent, vous mon-
trent des photographies, puis vous disent l'emplacement
de leur régiment et ce qu'ils savent sur la position de leurs
batteries.

2 Septembre.

Le *Sedantag* ! L'anniversaire de notre défaite de 1870...
Sans doute la bataille sera terrible aujourd'hui... Les Allemands voudront un coup décisif et une victoire.

Nous avons passé toute la nuit debout, au pied de nos chevaux sellés. Rien pendant la nuit.

Au matin, la bataille a repris, mais moins sauvage.

Maintenant, chacun reste dans ses tranchées, sans ces offensives meurtrières qui durent depuis dix jours.

3 Septembre.

Décidément, la trève continue. On se regarde de tranchée à tranchée, sans perdre ni gagner de terrain.

Nous partons pour aller cantonner au bord de la Meurthe. Etape de nuit, pour éviter que les aéroplanes ne nous voient manœuvrer. Nous faisons la première partie du chemin avant le lever du soleil, l'autre, après son coucher. Nous passons le milieu de la journée dans un champ, allongés, sous le chaud soleil, à l'abri de pruniers ployant sous le poids des mirabelles. Jamais il n'y a eu autant de calme joyeux autour de nous. C'est une détente de tout mon être. On a le temps de faire avec les légumes des champs un repas admirable, et quelle bonne marmelade de prunes...

Nous sommes à Einvaux, où la bataille, il y a huit jours, a été le plus farouche, où tout un régiment de coloniaux a trouvé son tombeau. A présent, ce n'est plus que le silence et le rayonnement du soleil.

FERME DE LÉOMONT (23 Septembre 1914)

Gravure extraite de l'Album: DEVANT LE GRAND COURONNÉ, par Alfred Lévy.

4 Septembre.

Le canon gronde par intervalles. Pourtant, l'accalmie
continue. Est-ce le silence qui précède les grands combats ?

Nous venons d'arriver à un village au bord de la Meurthe.
J'installe les petits postes. A minuit, des chasseurs viennent
nous relayer. Ils étaient depuis deux ou trois jours en seconde ligne, au repos. Ils ont lu des journaux.

— Que se passe-t-il dans le Nord ?

J'ai demandé cela au lieutenant qui relève les postes
avec moi.

— Dans le Nord ? Rien... Les Prussiens sont devant Paris...

C'est un coup de massue. Les larmes nous viennent aux
yeux.

— Nous avons été écrasés ?...

— Non. Je crois qu'on a battu en retraite, comme ici,
mais que la bataille n'a pas été livrée. Elle se décidera sous
les murs de Paris.

Alors un souffle d'espoir m'envahit encore. Il ne faut pas
désespérer des destinées de la Patrie...

Dans la journée, passe tout le 15° corps. On nous dégar-
nit. Il part pour l'Argonne. Ce corps d'armée a largement
racheté la défaite de Dieuze. Dès le 25 août, il a repris l'offensive. En deux jours, le 112° de ligne avait perdu 48 officiers
sur 61. Et si ce 15° corps nous quitte, nous saurons que c'est
pour remporter, sur les Hauts-de-Meuse, une série de victoires, dont la plus téméraire fut celle de Vassincourt, et
pour permettre ainsi au général Sarrail de prendre à revers
le flanc gauche de l'armée allemande, de dégager Verdun,
d'écraser l'armée du Kronprinz.

5 Septembre.

La bataille de la Marne a commencé le 5 et s'est terminée
le 12 septembre. Semaine formidable et glorieuse, où se
sont jouées les destinées de la France. Pour nous autres, de
l'armée de Lorraine, à l'aile droite, notre rôle a été de servir
de point fixe pour la manœuvre du général Joffre. Il fallait
aux folles attaques allemandes opposer un mur de fer.

C'est ce qui a eu lieu du 5 au 12 septembre. C'est aussi
ce que nous avions fait à partir du 23 août, quinze jours
avant, poussant devant l'envahisseur l'inébranlable rempart de poitrines humaines, préparant la manœuvre et la
victoire de la Marne, avant de la rendre possible par la résistance de la semaine suivante.

Cette grande semaine a été effroyable et n'a rien eu de
comparable depuis lors. On s'est du moins battu avec des
retranchements et sous la protection de tranchées. La
grande semaine n'a été qu'un long corps à corps — à partir
du 4 septembre, de ce soir angoissant où le Généralissime
arrêtait toute retraite et ordonnait de mourir sur place plutôt que de céder d'un pas.

C'était un effort terrible à demander aux troupes qui
reculaient depuis des semaines sur tout le front de 500 kilomètres, de Sarrebourg à Charleroi. Effort qui fut réalisé
sans une défaillance. Une irrésistible volonté de vaincre
s'est emparée de tous les soldats. Du chef qui l'affirmait
dans l'ordre du jour, elle est passée dans l'âme de chaque
troupier. Quelle que fût l'attaque allemande, la volonté de
la victoire était plus forte chez nous. Nos troupes devenaient
invincibles. Et elles ont vaincu !...

Du 5 au 10 septembre, les armées des généraux Fran-
chet d'Espérey, de Langle de Cary et Foch, connurent tour
à tour des succès et des revers partiels. C'est pendant ces
jours-là, que le général Foch enlevait si vite Fère-Champe-
noise qu'il y prenait un état-major allemand encore saoul,
qu'il enfonçait le centre des forces qui le tenaillaient de

gauche et de droite, en noyant dans les marais de Saint-Gond une brigade de la garde prussienne... Le 11 septembre, la décision s'obtenait. Nous étions victorieux. Les corps wurtembergeois, saxons, et les corps prussiens du général de Bulow s'enfuyaient. La victoire était à nous.

Pendant cette période-là, le rôle de l'armée de Lorraine fut de résister. Elle était habituée, depuis quinze jours, à subir stoïquement, et sans s'émouvoir, les plus terribles chocs. Elle n'eut qu'à faire comme le nègre : à continuer... Elle continua, sans recevoir de renforts, — tandis que de nouvelles troupes venaient chaque jour rejoindre l'ennemi, — et bien qu'elle eût été diminuée du 15ᵉ corps qui était parti la veille pour l'Argonne, ce qui avait encore réduit ses effectifs. Qu'il me suffise de dire qu'une division qui comptait 22.000 hommes le 23 août, n'avait plus que 8.000 soldats à son effectif le 10 septembre !...

Si, quand l'immense aile débordante du général von Kluck arrivait devant Paris, le général Joffre a pu la forcer, c'est qu'il avait pivoté autour de la Lorraine et des Vosges. Le pivot est demeuré inébranlable ; sans cela, c'eût été l'enveloppement de toute notre armée.

C'est ce qu'a fait l'armée de Lorraine : grâce au général Foch qui, par la résistance du 20ᵉ corps, a sauvé Nancy, s'est arrêté en avant de la Meurthe, a enrayé les conséquences de la retraite de Sarrebourg-Dieuze ; grâce au général Bigot dont la division a dressé une muraille imprenable devant la trouée de Charmes qui ouvrait la route de Paris ; grâce au général Sarrail qui restait inébranlable à Verdun, subissant sans faiblir des pertes énormes ; grâce au général Dubail qui envoyait des renforts à l'armée de Lorraine, tout en tenant les Vosges et le col de la Chipotte, sans reculer, lui non plus, déployant un héroïsme obstiné, froid et sanglant...

Voilà les généraux à qui l'on doit la victoire de l'armée de Lorraine.

6 Septembre.

C'est une des visions les plus terribles que je conserverai
de cette guerre inexpiable.

Le village de R... a été pris et repris trois ou quatre fois.
Dans la soirée, j'ai pu m'approcher d'assez près, en le tournant et en débouchant par un petit bois qui est à l'est,
pour me rendre compte que des troupes étaient au repos
dans le cimetière, à la sortie du village.

Au galop, je cours prévenir le général. L'ordre d'ouvrir
le feu est tout de suite transmis à une batterie embusquée
à quatre kilomètres. Le cimetière est indiqué sur la carte.
Il est facile à repérer.

Les quatre pièces de 75 tirent en même temps. Deux
minutes d'un tir infernal. Puis, le repos. Le capitaine sourit. Il me dit :

— Il ne doit plus en rester beaucoup !

Je vais tâcher d'aller voir. Le soleil est couché. Avec
deux hommes, j'arrive jusqu'au cimetière. Tout est désert
aux environs. Pris de panique, les Allemands ont dû s'enfuir du village. Pas une sentinelle. Rien. Seul le grand silence du crépuscule. Un vol de corbeaux autour du cimetière.

En maints endroits, les murs sont écroulés, à présent.
Et j'ai là une vision d'épouvante.

Ils étaient deux bataillons, deux mille hommes, dans le
cimetière et tout autour, au repos, et qui préparaient la
soupe. La rafale a passé. Maintenant, ce sont deux mille cadavres. Il y a des blessés qui râlent, et des mourants qui ap-
pellent. Les cadavres sont déchiquetés, et on ne saurait
comment reconstituer les corps, tant les membres sont dis-
persés et mêlés les uns aux autres.

Des trous profonds, creusés par les percutants, ont remué
la terre.

Et dans le cimetière, ils ont fouaillé le sol. Toutes les
tombes sont démolies. La pierre et le marbre ont éclaté.

Les obus, en labourant la terre, ont creusé des fosses. Les
vieux cercueils en ont surgi, éventrés. Les morts anciens,
brisés eux aussi, leurs linceuls et leurs squelettes déchiquetés, se mêlent, en une odeur et une pourriture affreuses,
aux morts nouveaux que nos canons viennent de faire.
Ils jaillissent des trous béants creusés par la mélinite,
tandis que les cadavres bavarois y ont été précipités et se
cachent sous la terre, rouge de leur sang...

7 Septembre.

C'est vraiment la bataille décisive qui est engagée, tout
l'avenir de la France qui est en jeu. Ici il nous suffit de tenir,
et, pour tenir, de donner sans arrêt des assauts furieux et
sanglants.

L'ennemi attaque, sans une minute de trève, l'organisation défensive du Grand Couronné : hauteurs de Sainte-
Geneviève, forêt de Champenoux, plateau d'Amance ....
Vingt mille obus sont tombés là en quelques jours. Des prisonniers disent que le Kaiser est devant nous, et qu'il attend
pour faire son entrée dans Nancy.

Ce matin, l'ennemi a pénétré dans la forêt de Champenoux et dans le bois de Velaine, qui est la lisière du Grand
Couronné. Il ne passera pas plus loin...

L'artillerie allemande, sur les bords de la Seille, est hors
de portée de nos canons. Mais l'infanterie ennemie déferle.
Elle est à portée de nos balles et de nos fusils.

Nous prenons l'offensive dans la forêt de Champenoux :
c'est le 206e. En une heure, il est décimé. Le 212e le remplace.
Il est haché et brisé. Le 314e arrive. Et rien n'arrête notre
élan. Les Allemands ne passeront pas.

A l'aube, je pars en reconnaissance, et j'emmène six hommes, six de ceux que j'ai éprouvés.

On s'est perdu de contact dans la soirée d'hier. Bah ! leurs tranchées sont faciles à trouver ! Nous n'avons qu'à trotter, jusqu'à ce que nous nous trouvions nez à nez avec elles et qu'on nous tire dessus. A vrai dire, elles doivent suivre encore la ligne de la Mortagne et la route qui la borde, puisque nous nous trouvons toujours, chacun sur une rive, prêt à bondir sur l'autre.

Je traverse la rivière sur le pont de Mont, — où la Mortagne se jette dans la Meurthe. Le pont détruit a été reconstruit par le génie, avec des planches. Dix minutes de trot. Nous sommes en terrain dangereux. Nous voici devant Rehainviller. Le village est-il occupé ? Au bord de la rivière, il y a bien un de ces casques à pointe qui nous répugnent, — mais il se cache en nous voyant arriver. Sur notre droite, dans un champ, une patrouille de uhlans. Ils sont six aussi. Il faut d'abord nous débarrasser de ces gens-là.

Nous marchons au trot, droit à eux. Ils ne nous ont pas encore vus : un pli du terrain nous cache. A cent mètres, nous surgissons, la lance en avant.

— Chargez !

Nos chevaux, comme une seule bête, partent d'une même détente puissante. Les uhlans, au lieu de nous aborder, prennent la fuite. C'est systématique chez eux. Jamais ils n'acceptent le combat : non par lâcheté sans doute, mais par ordre supérieur. Leurs chevaux doivent être fatigués; car nous les rattrapons facilement. Les nôtres dévorent la distance. Tout en fuyant, les Prussiens se défendent avec leur lance. Leur officier tire sur nous avec son revolver. Je riposte avec le mien, mon brigadier avec un browning qu'il porte sur lui. Trois uhlans sont atteints. Un quatrième a été embroché au cou par la lance d'un de mes dragons. Deux autres, — dont l'officier, — parviennent à s'échapper.

Nous avons parcouru, nous laissant entraîner dans notre

poursuite, beaucoup de terrain. Il n'y a donc, par là, point
de tranchées. Mais essayons de voir si le village est occupé.

Il n'est, en somme, pour s'en rendre compte, qu'un
moyen : le traverser de part en part, et constater si, oui ou
non, on essuie des coups de feu ! C'est assez angoissant,
cette course dans les rues, quand on se demande si de
chaque fenêtre ne va point partir le coup de feu qui vous
abattra. Mais rien... Un de mes hommes part, en éclaireur ;
puis, nous défilons au galop dans les deux ou trois rues
mornes du petit bourg. Rien. Pas même un fil de fer tendu
entre deux maisons, pour nous faire tomber... Rien que les
demeures ruinées par les obus et les attaques.

A la sortie du village, nous mettons pied à terre. Le soleil
vient de se lever. Le temps est adorable. J'envoie au général le renseignement : « Rehainviller est vide. Maintenant,
je vais chercher le contact avec l'ennemi. »

Je m'avance tranquillement à pied sur un talus, à droite
de la route que surplombe le cimetière. De là, j'aurai une
bonne vue pour combiner sur le terrain ma reconnaissance.
Je marche sans hâte le long du mur du cimetière.

J'arrive au tournant. Là, je m'arrête net. Je viens de me
trouver nez à nez avec un capitaine allemand. A pied, lui
aussi, et seul. Il est aussi stupéfait de me voir, que moi de le
rencontrer. Il a comme moi, son porte-carte à la main ; il
étudiait le terrain... Nous nous sommes regardés, les yeux
agrandis. Il cherche son revolver. Fébrilement, je tâche
d'ouvrir mon étui. L'un et l'autre nous savons bien que cette
lutte de vitesse décide de notre vie, et nous ne nous quittons
pas du regard. Puis, je souris. Mon revolver vient de sauter de l'étui, la crosse bien en main. Mon bras s'avance. Alors,
l'officier ne cherche plus son arme : il sait qu'il est vaincu.
Mon coup part. Il s'abat, d'une seule balle en plein cœur.

Tout cela n'a duré qu'une seconde. J'ai eu de la peine à le
voir étendu ; il avait de grands yeux bleus, ouverts dans la mort.
Le coup de feu a attiré mes hommes, ainsi que l'ordonnance de l'officier, qui était à quelques mètres et n'a rien
su du drame. Très bravement, il tire un coup de fusil, puis

un autre. Mais mes dragons, insoucieux de ses coups, foncent sur lui. Il est abattu de deux coups de sabre et, en même temps d'un coup de revolver tiré par mon brigadier.

Ce capitaine venait s'installer aux abords du village. Il le savait inoccupé et s'était avancé paisiblement pour voir où creuser des tranchées. Sa compagnie est à quatre cents mètres en arrière, cachée dans un ravin. Nos silhouettes se détachent sur la plaine et servent de cible. On nous tire dessus avec ensemble. Mon manteau, que j'ai sur les épaules, est troué par une balle. Il vaut mieux s'en aller. Mes hommes se cachent derrière le mur du cimetière. Quant à moi, je vais jusqu'au cadavre du capitaine. Je trouve sur lui des cartes d'état-major allemandes, comme les nôtres, mais au 100.000ᵉ et non au 80.000ᵉ, mieux gravées, plus récentes : un jeu complet jusqu'à Paris. J'aurais voulu également fouiller dans ses poches, prendre son carnet de route : je n'ai pas osé, n'étant point Allemand et possédant trop de délicatesse française pour prélever un butin qui n'était pas essentiellement militaire.

Mais ce n'est là qu'un incident. La compagnie allemande n'avance pas. Même en ne voyant pas revenir son chef et essuyant quelques coups de feu que mes hommes ont tirés pour s'amuser, elle décampe, croyant que le village est occupé et que nous sommes un avant-poste. Elle se retire jusqu'à des usines qui sont à deux kilomètres. De hauts talus, des espèces de dunes, tout autour.

Nous avançons prudemment jusque là. Au détour d'un talus, en avant de l'usine, une sentinelle embusquée dans un buisson, tire sur moi à bout portant. Elle me manque. Le temps de chercher mon revolver, elle tire encore, mais j'ai fait faire, — et par quels coups d'éperons désespérés, mon Dieu ! — d'énergiques écarts à mon cheval. Elle me manque encore. Et je l'abats.

Mais impossible d'avancer. Il y a des centaines d'hommes par là. On nous fusille et nous partons au galop.

Ces usines sont à un kilomètre en avant de Lunéville. Nous arrivons à Rehainviller. Une section vient, sur mon renseignement, de l'occuper. Le reste de son bataillon arrive.

C'est en partant des usines et le long d'une route juste en avant de Lunéville, que les Allemands s'établissent.

Disposition nouvelle et recul évident. Toutes leurs tranchées, toutes celles qui suivaient le cours de la Mortagne et qu'ils occupaient la veille, mais qui devenaient intenables, ils les ont abandonnées.

J'hésite à le croire et je ne vais qu'avec prudence jusqu'à la première tranchée. Je redoute d'être fusillé à bout portant, en y arrivant. Point. Elle est vide, ou plutôt elle n'a que des casques, des sacs, des bouteilles cassées et des cadavres. De même, aux tranchées des autres lignes.

Un homme va porter ce renseignement au galop. Je reste en contact avec la nouvelle ligne ennemie, pour guetter si une offensive ne se dessine pas. Mais non. Quelques heures après, notre infanterie, mon renseignement étant parvenu, passe la Mortagne et vient occuper ces tranchées allemandes.

Nous voici presque à portée de fusil des premières maisons de Lunéville. Nos progrès se sont précisés.

9 Septembre.

Nous rentrons d'une reconnaissance jusqu'aux lignes allemandes. Les chevaux étaient fatigués, comme les hommes. On allait au pas. Je suivais à quelques mètres mon peloton. Quelle détente, quel soulagement à pouvoir marcher enfin sans précaution, en terrain ami, sans guetter, comme pendant toute la journée, le moindre buisson, sans fouiller les bosquets, sans se défier de chaque talus, sans se garder en avant, sur les flancs, partout, sans suivre d'un regard scrutateur les moindres ombres de l'horizon!...

Ma petite troupe traversait le village qu'occupait l'ennemi il y a quelques heures. Pas un habitant. Toutes les maisons saccagées. La fuite des Bavarois avait été trop rapide pour qu'elles fussent brûlées. Elles avaient été pillées.

Par la fenêtre brisée, je voyais la salle à manger d'une demeure confortable. Le buffet éventré, renversé, écrasait la table. La vaisselle s'amoncelait sur le parquet, avec les bouteilles vides et cassées, jusqu'à la hauteur des chaises. Une suspension, tombée du plafond, s'était abîmée sur le buffet, et son globe vert, sans une félure, par un prodige d'équilibre, se maintenait sur ce meuble penché, comme allongé sur la table.

Une voix m'appela par mon nom.

C'était un officier du bataillon de chasseurs qui avait pris le village. Il était à la fenêtre, au premier étage de la maison dévastée.

— Monte un peu, me dit-il.

Je répondis : « Je suis fatigué et pressé de rentrer cantonner. »

Il reprit : « Cela en vaut la peine. C'est un de ces cochons qui est crevé au sein de son fumier »

Je descends de cheval. Sur la porte de la maison une plaque de cuivre brillante : « Etude de Me X... Notaire ». Je monte. Mon camarade rit aux éclats, entouré d'un groupe d'officiers. Il y a de quoi.

La chambre est saccagée, comme le reste de la maison. Le linge sorti des armoires, piétiné ; les meubles démolis. Le lit est défait et sale. Un lieutenant allemand a passé là la nuit précédente, et s'est couché dans les draps sans retirer ses bottes. Une odeur écœurante règne dans la pièce. Mais pourquoi S... m'a-t-il fait monter ?

— Regarde, dit-il.

Je n'avais pas vu ! Un lieutenant bavarois est assis, mort, entouré d'ordures, d'excréments humains, dans le tiroir ouvert d'une commode ancienne. Ses culottes sont abaissées sur ses bottes. Sa tête et ses épaules penchées

tombent sur la poitrine, vers les jambes. Il est dans une
posture ignoble, grotesque, malgré la mort.

— « Nous sommes entrés brusquement dans le village,
— me fit S..., — sans crier gare. De cette maison, on nous
tire un coup de feu. Je monte. C'était un soldat qui nous
visait de cette fenêtre. Je l'abats. Je me retourne ; et je
vois ce cochon de gaillard en train de faire ses insanités dans
le tiroir de ce beau meuble, sur les dentelles de famille ! Il
était si ahuri de me voir, qu'il ne s'est même pas levé, res-
tant dans sa position risible et relevant sa chemise à deux
mains. Je lui ai tiré un coup de revolver. Il s'est abattu
sur son fumier... »

Et je pense à la fiancée allemande, dans ce village de
Bavière, qui apprendra la mort de ce lieutenant et se re-
présentera cette mort héroïque et chevaleresque...

10 Septembre.

Nous vivons sous une grêle de fer et d'acier. Nos troupes
sont admirables. Je ne sais pas ce qui se passe autour de
Paris. Que fait l'armée contre l'invasion du Nord ? Mais
ici, nous tenons, nous tenons!... Mieux : les Allemands se
replient. Ils reculent derrière la Meurthe et abandonnent la
Mortagne. Mais quelle force de résistance, et comme ils se
font tuer sur chaque point de terrain qu'on leur gagne !

C'est toujours leur maudite artillerie lourde qui démoralise. Ils nous atteignent à dix kilomètres. Pour nous,
même avec les 155 que nous possédons, il faut nous avancer jusqu'à six kilomètres d'eux. Et ces odieux aéroplanes
allemands sont toute la journée à planer pour nous repérer.

11 Septembre.

La victoire se décide vers le Grand Couronné. Des renforts sont arrivés de Toul. Le 156e a accompli des actes d'une témérité folle. Nous venons d'envahir enfin la forêt de Champenoux et de descendre jusqu'aux bords de la Seille.

L'aile gauche allemande est enfoncée.

Le centre plie. Un gros effort à faire encore, un dernier effort, et demain Lunéville est à nous, et toute l'armée prussienne rejetée vers la frontière.

Devant Lunéville, ils ont leurs tranchées et l'organisation défensive de plusieurs points, Chaufontaine, Hériménil, le bois Fréhaut. Nos efforts se brisent là. Il faudrait faire passer de l'artillerie, par un pont de fortune, sur la Meurthe, l'installer dans la forêt de Vitrimont. De là, elle prendrait en enfilade les tranchées allemandes et les labourerait. En quelques heures, la victoire serait à nous.

Depuis trois jours, le colonel commandant la brigade qui est là, prête à bondir, demande cet effort à l'artillerie. Le colonel de l'artillerie ne veut pas. Les artilleurs sont hypnotisés par la peur de perdre leur pièce. C'est une qualité.... Et c'est un défaut: il les empêche d'aller assez près de l'ennemi qu'il faut chercher. Aujourd'hui vient un ordre formel; le colonel cède. Il ne peut plus objecter que le pont s'effondrera, que les pièces s'embourberont, qu'une offensive hardie les fera tomber aux mains des Allemands. On lui répond : « Tant pis... Passez ! »

Les pièces passent. Nous les escortons. Elles s'installent. Nous creusons devant elles une petite tranchée, et nous nous préparons à recevoir l'infanterie allemande. Elle ne s'est pas montrée. Deux pièces lourdes et une batterie légère ont craché du fer toute la journée. Chez les Allemands, ce doit être une boucherie atroce et toutes leurs défenses doivent être démolies. Demain matin, on pourra donner l'assaut à Lunéville.

Régulièrement encore, pendant la nuit, nos pièces ont envoyé des obus.

12 Septembre.

A deux heures du matin, un homme de garde vient me
tirer du sommeil. Le général, dans notre cantonnement,
fait réveiller tous les officiers. Alerte ! Au poste de police,
le brigadier nous tend une dépêche : c'est le télégramme du
général Joffre annonçant la retraite des Allemands, la victoire de la Marne, Paris libéré de la menace ennemie, la
patrie sauvée !

C'est la plus grande émotion de ma vie. Nous pleurons.
Nous nous embrassons, nous nous félicitons, comme si le
camarade à qui nous parlons était lui-même le généralissime
et le grand vainqueur.

Nous, nous avons tenu bon. Notre rôle ingrat, pénible
et sanglant, n'a donc pas été vain, puisque tout le front a
pu vaincre. Sur la Marne, l'ennemi recule. Il nous faut le
culbuter aussi. Hier, il a été refoulé, à notre gauche, jusqu'à
la Seille. Nancy est dégagé. Au centre, devant Lunéville,
nous le tenaillons et le bloquons depuis deux jours. Il faiblit.
Nous l'enfoncerons aujourd'hui, le chasserons de Lunéville
et le repousserons à la frontière. Tout cela nous enflamme
et nous grise. C'est aussi l'intention du commandement.

Bien sûr, nous ne nous recouchons pas. A quatre heures, du
reste, l'ordre parvient de monter à cheval. Mon peloton est
affecté à un bataillon de chasseurs. Nous traversons la
Meurthe et marchons vers Lunéville, par la forêt de Vitrimont. Nous attaquerons la ville par le nord, par le faubourg
de Nancy. Cela nous sera facile, puisque nous n'aurons plus
la rivière à franchir.

Les pièces d'artillerie qu'on a amenées hier sur cette rive
continuent à tirer. A une heure, elles se taisent et nous avançons. Le bataillon s'ébranle. Je pars devant pour l'éclairer.

Les tranchées allemandes sont évacuées. Elles sont
pleines de fusils, de munitions, de sacs. Elles sont pleines
surtout de bouteilles vides. Quelles orgies devaient faire
chaque jour ces ivrognes !... Nous avançons. Pas de résis-

tance. Evidemment, ils battent en retraite. D'autres bataillons attaquent la ville par le sud et passent la Meurthe.

Une série de hauteurs, les hauteurs de Friscati, dominent la ville au nord. Là, une compagnie de chasseurs bavarois protège la retraite. Ils profitent des fossés et des arbres et, cachés, fusillent la colonne qui, sur la route, avance vers Lunéville. Je me rends compte qu'il n'y a qu'une compagnie. Elle me démolit deux dragons. Je préviens le commandant de nos chasseurs. Deux compagnies courent à elle à la baïonnette. Elles la délogent, mais avec de dures pertes.

Alors, nous pénétrons dans Lunéville.

J'y entre au galop. Nous galopons — tels les officiers d'infanterie dans les villes de garnison — sur les pavés de la rue. Un peu d'ivresse nous a saisis. Des gamins nous suivent en criant. Eux aussi sont ivres de voir cette galopade de dragons français. Des chasseurs entrent dans la ville, en même temps que mon peloton. Ils courent follement vite, sur les trottoirs, nous encadrant ; oui, ils courent aussi vite que nos chevaux. La joie leur donne des ailes. Il fait un clair soleil. Des gens pleurent et agitent leurs mouchoirs, aux fenêtres, sur le pas de leur porte. Il y a des femmes qui nous jettent des fleurs. Tous les gamins, toutes les femmes crient : « Vive la France ! »

C'est vraiment émouvant.

Cependant, il y a encore des coups de feu. Quelques retardataires affolés tirent en partant ; ils paient leur sottise de leur vie. D'autres s'attardent à dessein pour se laisser faire prisonniers. Nous faisons à tous une chasse éperdue.

Ainsi, nous continuons à parcourir au galop toute la ville, au milieu du même enthousiasme et dans la même joie. Les ponts ont sauté, sur ces ruisseaux qui traversent Lunéville. Mais rien ne nous arrête et nous les traversons. Devant le grave palais du roi Stanislas, je me heurte au peloton de mon camarade O... Lui est entré dans la ville par le sud. Il n'y a plus de Prussiens...

Il nous a fallu partir pour trouver le régiment au cantonnement. Mais quand nous y arrivons, il est parti lui aussi
pour Lunéville ! Bah ! nous revenons de bon cœur sur nos
pas. Nous traversons la Meurthe à gué — il est huit heures
du soir — au risque de nous noyer. Les hommes sont joyeux.
A toutes les portes, on voit de braves gens qui leur servent
à boire ou à manger...

Pour moi, je me suis déshabillé. Pour la première fois
depuis le début de la campagne, j'ai pu prendre un bain et
dormir dans des draps.

14 Septembre.

Cette nuit j'ai couché dans un grenier, sur de la paille.
Il n'est pas de meilleur lit. Quelle volupté de quitter ses
bottes, d'enfouir ses jambes, de se creuser un trou qui moule
le corps. Comme cela repose du sol détrempé et des brouil-
lards du précoce automne qui envahit déjà ces pays lorrains.

16 Septembre.

— « Vous pourrez mettre vos chevaux dans les écuries ;
elles sont intactes. Pour vous, je ne sais trop où vous loger :
des officiers allemands ont occupé le moulin ».

Et la vieille secouait la tête, sans donner d'autre explication. Il n'en était pas besoin ! « Les Allemands ont occupé le moulin »... — cela voulait dire : « Il n'en reste pas grand'chose ».

Nous venions d'entrer dans un village, en avant de Lunéville. Il y avait là un moulin, avec la maison du gérant, et à côté, dans un parc, le château du propriétaire du moulin. Les Allemands, ici comme en bien d'autres endroits, étaient partis trop vite pour tout mettre à sac. La veille, vers cinq heures du soir, quand leur dernier détachement fuyait Lunéville, une de nos patrouilles était arrivée jusqu'à ce village. Seul, le château avait été à moitié démoli par les obus des canons qui protégeaient la retraite prussienne. Une aile s'était effondrée. Un pan de mur était éventré. Et les pierres, et les éclats d'obus, et les poutres du plafond s'écrasaient dans une pièce au milieu de livres anciens, de volumes réunis par un bibliophile, abîmés, meurtris, déchirés, trempés par la pluie qui était tombée pendant toute la nuit précédente.

Le château démoli, nous pouvions encore loger dans la maison du minotier, adossée au moulin. Elle était délicieuse, au bord de l'eau, et toute entourée de vigne vierge : les plantes formaient une treille devant la façade. Elles étaient empourprées par la belle saison, et toute la maison était inondée par le soleil de ce matin d'automne.

Tout le régiment était rassemblé dans le village. Après ces derniers jours de fatigue, nous comptions nous reposer un jour, nous réunir entre officiers pour déjeuner. Cette maison était commode pour notre projet.

Je demandai à la vieille : « Ne pourrions-nous pas nous installer ici ? »

Elle répondit : « Je vous dis que des Allemands y ont logé. »

Et elle ajouta : « Venez voir ! »

Je la suis.

En bas, la salle à manger, le salon, le cabinet de travail du minotier. Plus de meubles. Eventrés à coups de sabre, ou brûlés. La vaisselle ne forme plus que des millions de morceaux informes, de faïence ou de porcelaine, épars au milieu

VILLA DEVANT FRESCATI (7 Octobre 1914)

Gravure extraite de l'Album : DEVANT LE GRAND COURONNÉ, par Alfred Lévy.

du verre, des vitres brisées, des livres de commerce et des contrats déchirés du minotier.

— Et en haut, dis-je ?

— C'est pire en haut, répond la femme. J'ai assisté à tout ; ils m'avaient forcée à rester là pour les servir et leur montrer la place des choses.

En effet, c'est pire là-haut.

Pas de meubles. Les lits, les armoires, les chaises, ont été jetés, par la fenêtre, dans le jardin. Il n'est resté que quelques fauteuils et un divan. Un piano aussi, que les ordonnances ont monté jusque là et qui gît au coin d'une chambre défoncé à coups de bottes, à coups de sabre.

— Pendant les trois semaines qu'ils sont restés ici, chaque fois qu'on leur annonçait une victoire allemande, la prise de Nancy, la prise d'un fort de Paris, ils se réunissaient tous dans ces pièces pour boire, pour chanter et danser. Mais avant-hier...

— Alors la vieille me fit passer dans la chambre voisine. C'était répugnant. Non plus une pièce, mais une latrine, une latrine écœurante, les murs maculés, les planchers couverts d'ordures, d'ordures mélangées à du linge fin.

— Oui, avant-hier, poursuivit la brave femme, ils avaient reçu l'ordre de partir au matin. Ah ! ils ne savaient pas que c'était pour la retraite. Nous en aurions vu d'autres....

« Donc, ils ont pensé que les Français étaient bousculés, qu'ils allaient avancer. Alors les officiers du village sont venus, après dîner, danser ici. Ils se sont mis nus, Monsieur l'officier, oui, tout nus. Le colonel était là. Est-ce assez honteux ! Un vieux de 60 ans, qui n'avait gardé que ses bottes. Et puis un petit morveux tenait le piano. Lui n'avait gardé que son monocle !

« Et les bouteilles de champagne, Monsieur ! Fallait voir comme elles filaient. Leurs ordonnances avaient à peine le temps de leur en monter de nouvelles, que les vieilles étaient bues.

« Alors, ils ont eu une idée. Les uns ont fait chercher leur casque à pointe, leur sabre avec leur ceinturon, leur révolver. Ils ont mis cela sur leur corps, sur leur corps tout nu, mon bon Monsieur. Les autres ont cherché dans les armoires. Ils ont trouvé le beau linge de Madame. Alors ils ont mis ses chemises, et aussi celles de Mademoiselle. Il y en avait un qui avait bien seize ans, qui avait pu mettre une combinaison ! C'est alors qu'ils ont dansé, les Prussiens casqués avec les Prussiens déguisés en femme...

« Il n'y a que le colonel qui dansait seul, tenant une bouteille, et tournant comme une toupie...

« Enfin, ils en ont eu assez. C'est alors qu'ils sont venus tous dans cette chambre. Et ce qu'ils ont fait, tous ensemble, à même le plancher, vous le voyez... »

La vieille se lamentait devant la maison infectée, profanée.

Elle ajouta :

— « Comment pourriez-vous vous loger ici ?... »

En effet. Nous allions descendre. Elle me tira encore par la manche. Il y avait une chose qu'elle hésitait à me dire. Elle n'osait pas. Cette paysanne avait sa pudeur. Puis, n'y tenant plus :

— « Ce n'est pas tout. Eh bien, tout le beau linge... vous me comprenez, mon pauvre Monsieur... Oui, ça leur a servi de papier. Et ils sont allés dans un tiroir chercher la robe de première communion de Mademoiselle... Elle a 12 ans, la sainte petite. Elle a fait sa première communion à Pâques, il y a six mois. Eh bien, ils ont pris sa robe, qu'on gardait pour le renouvellement, l'an prochain, et ils se sont essuyés avec. Et ils ont pris le voile. Et ils l'ont maculé aussi, les cochons. Et ils riaient, et ils riaient !... Oui, ce sont des cochons, Monsieur, des cochons. Car ils savaient bien ce qu'ils faisaient, malgré leur saoulerie, étant Bavarois et bons catholiques, et étant allés à la messe, le dimanche d'avant... Des cochons, je vous dis, Monsieur... »

Bavarois catholiques et Prussiens, fils de Luther, sont aussi abjects les uns que les autres. Mais à leur abjection les Bavarois ajoutent encore la lâcheté !...

18 Septembre.

Le canon tonne plus que jamais. C'est un long roulement continu, épouvantable. Pour la première fois, depuis
plus d'un mois et demi de campagne, je reçois une lettre
de chez moi.

On m'écrit tous les jours, je le sais ; les lettres n'arrivent
pas. C'est ce qu'il y a de plus désespérant, c'est ce qui nous
abat le plus. On a besoin, pour vivre en guerre, des lettres
du foyer, de leur reconfort moral, autant que de nourriture.

Non seulement, c'est l'air, la clarté, la vie du foyer ;
mais encore, c'est autre chose... Ceci : Nous nous battons ;
— et c'est si morne, cette saignée quotidienne infligée et
reçue, cette habitude de tuer et de défendre sa peau, qu'on
oublie presque pourquoi on se bat. Et les lettres nous le
rappellent. Elles ne nous disent pas seulement l'adorable
Patrie à défendre et ce qu'elle représente d'idées et de souvenirs, mais la vie pacifique qu'on attend au retour, — en
évoquant les souvenirs de la maison, du foyer...

20 Septembre.

Il pleut. Il pleut. Oh ! cette pluie monotone des pays
lorrains... Le ciel est détrempé, comme la terre argileuse.
Pas une couleur nulle part, du gris seulement.

23 Septembre.

Violente canonnade au lointain.
Voici dix jours que Lunéville est pris et Nancy déblo-

qué ! La bataille est finie ici. Nous sommes à la frontière, ou presque, là où nous avons bousculé les Allemands. Chaque matin, en reconnaissance, nous allons leur rendre quelques petites visites vers les villages qu'ils occupent. Ils se retranchent. Nous gardons le contact. Nos fantassins organisent aussi le terrain, pour éviter le retour d'une offensive. Des tranchées en face de tranchées.

De temps en temps on pousse jusqu'à la ligne ennemie, pour voir si rien n'est changé. On revient avec un ou deux hommes de moins. Cela change de la bataille qui a duré un mois.

Le temps continue à être affreux. Nous dormons — c'est une façon de parler — dans ces terribles forêts humides. Un bain d'eau et de boue au-dessous de nous, la pluie qui ruisselle au-dessus. Notre manteau n'a plus de couleur. Nos membres sont tellement endoloris qu'on ne sent plus de douleurs. Combien de nuits aurai-je passées à dormir assis, le dos appuyé contre un arbre, et le casque sur la tête ! Quelle admirable coiffure pour protéger contre la pluie ! Après cette guerre, ceux qui reviendront seront tout de même hypothéqués pour la vie...

30 Septembre.

J'entre dans un village. Il est tout dévasté par les Allemands... Ces gens-là ont la compréhension de la guerre moderne ; ils nous l'ont prouvé avec leurs combats d'artillerie lourde et leurs retranchements. Mais ils gardent aussi la notion de la guerre d'autrefois. Ce sont des pillards.

Partout où ils ont passé, ce ne sont plus que des ruines.

C'est honteux. Tout est brûlé, pillé, saccagé. Les meubles et le linge, et les pendules encore, mais le linge surtout, sont envoyés en Prusse. Ils mangent et boivent comme des goinfres.

Quand ils ont passé, le village et la contrée sont ruinés. L'herbe ne pousse plus sur le sol qu'ils ont piétiné. Il n'y a plus ni pain, ni farine, ni conserves, ni vin. Rien.

Tous les objets des maisons qu'ils ne peuvent emporter sont détruits avec méthode : meubles, vaisselle, glaces, vitres, marbres. S'ils en ont le temps, les maisons sont incendiées. Alors, nous n'avons plus devant nous qu'un grand désert. Les plus bas instincts se réveillent et triomphent, chez ces Germains buveurs de bière, sentimentaux et graves, amis de la musique et de la philosophie... Des êtres barbares et élémentaires, sans civilisation profonde, proches de l'instinct : débonnaires et pacifiques en temps de paix, sanguinaires et voleurs en temps de guerre ; menteurs toujours. Les mêmes bourgeois qui vont à l'église ou au temple, dans leur plus beau costume, chanter des cantiques, et se promènent en rêvant sous les tilleuls embaumés, ces mêmes bourgeois de Werther, font, sans nécessité et pour satisfaire un instinct, d'un village un brasier et d'un pays un désert.

Je trouve ici, dans cette maison où je cantonne, un courrier adressé par quelque blonde Allemande à son mari. Je vois d'après l'enveloppe, qu'il était capitaine à l'État-major de la 65e brigade du 21e corps d'armée prussien. Il s'appelle C... von E. Cette correspondance est attendrissante. On ne pourrait trouver paroles d'amour plus éplorées. En même temps, l'amoureuse épouse accuse réception d'un colis de dentelles volées par le mari ! Cependant, j'ai su que ce capitaine — le propriétaire de la maison me le racontait — obéissant jusqu'à envoyer des dentelles à sa femme... répondait à ses lettres éplorées, en violant une gamine de seize ans, qui est restée son souffre-douleur pendant trois semaines, et qu'il a laissée enceinte quand il est parti.

J'ai écrit les initiales de son nom, révélé par sa
correspondance. J'ai noté également sa brigade et son corps.
Je ne souhaite qu'une chose : c'est que ce *Carnet de Route*
ne se perde pas tout à fait, et qu'il tombe sous les yeux,
après la guerre, de Mme C. von E...

6 Octobre.

J'ai patrouillé avec mon peloton dans ces chemins de
la forêt de Parroy, si humides que, par endroits, les chevaux
s'enfoncent jusqu'au poitrail. La pluie nous a accompagnés
tout le temps. Nos manteaux semblent avoir été trempés
dans une rivière. Je grelotte de froid et de fièvre. Depuis
deux jours j'ai pris froid, et je ne me calme qu'à force de
pilules d'opium : remède souverain en campagne, et, avec
l'iode, providence de nos médecins.

Au soir, nous bivouaquons dans une tranchée, toujours
la même, en petit poste avancé. Je m'endors comme un
plomb. Vers minuit un sous-officier me réveille.

— « Mon lieutenant, ils arrivent... »

Je ne comprends pas. Il insiste, me secoue. Nous allons
être attaqués. Mais je ne puis bouger. L'opium m'endort.
Un sommeil invincible. La fièvre et la drogue m'ont terrassé...
Je finis par saisir... Si on nous tire dessus, tant mieux, nous
serons tués, alors nous pourrons nous reposer... C'est là tout
ce que je puis penser... Ensuite, peu à peu, le sens des réa-
lités me revient... Je veux me lever, commander, agir...
mais l'opium m'engourdit. C'est une lutte terrible en moi,
et un vrai drame entre la pensée devenue très nette et l'action, désobéissante, endormie, morte... Enfin, comme mes
hommes ont commencé à tirer, j'ai pu me lever, reprendre

possession de moi-même... Heureusement il ne s'agissait
que d'une petite patrouille, et qui s'est retirée aux pre
miers coups de feu en nous laissant deux morts.

12 Octobre.

Cette guerre de tranchées sera le souvenir le plus épouvantable de ma vie.

Pendant ces longues semaines, comme nous regrettions
les fatigues des deux premiers mois ! On partait en reconnaissance, on traversait à cheval des bois inondés de soleil, on
sautait des ruisseaux. On accomplissait des missions d'au-
dace ; c'était la vie même et la variété. Tout à coup, on ren-
contrait une patrouille de uhlans et l'on se chargeait. Parfois
on était face à face avec une compagnie au repos, et nous
détalions au plus vite, au milieu des balles qui sifflaient
sans nous atteindre. Quelques minutes après, nous déjeu-
nions tranquillement, dans une ferme abandonnée, d'un
poulet égaré par là et des légumes pris au jardin. Nous ne
descendions presque pas de cheval. Les pauvres bêtes sont
restées deux mois sellées.

Oui, deux mois!... La cavalerie a été ainsi massacrée. Les
chevaux n'avaient plus, à la place du dos, qu'une immense
meurtrissure. Pendant la retraite allemande, la cavalerie
n'a pas pu poursuivre. Et les Allemands ont pu, sans la menace du sabre dans les reins, s'arrêter, faire leurs tranchées,
s'y cramponner. Nos chevaux ont été envoyés dans des
camps d'éclopés ou soignés dans les villages par quelques
hommes de l'escadron. Et les dragons démontés sont allés
aux tranchées.

Nous n'avons pas à nous en plaindre. Qu'eussions-nous fait, si nous n'y avions pas été ? Nous eussions été tout à fait inutiles, en face des tranchées ennemies, si proches, rendant dérisoire toute reconnaissance et toute charge. En outre, nous avons ainsi connu la gloire de lutter comme ces fantassins opiniâtres qui assurent la décision et la victoire — et la gloire de mourir comme eux.

Ainsi, nous vivons dans les tranchées. Des tranchées confortables, car nous savons les construire... depuis que, lors de leur retraite, nous avons vu celles des Allemands. La première n'est pas couverte. Ce n'est qu'un couloir — un long couloir où l'on bouge le moins possible, s'en remettant aux guetteurs. Tout le jour on dort ou l'on surveille, ou l'on joue aux cartes. Les heures passent, mornes. La seule distraction est une fusillade inopinée, si l'un de nous s'est fait voir, ou si on a vu, en face, remuer quelque chose...

En face, à trois cents mètres, ils sont là. A travers les créneaux de la tranchée, on les épie. Ces créneaux, ils sont faits de bûches, de sacs de terre, de pierres — et les intervalles sont protégés par les plaques de fer, les socs de charrue que nous avons pu trouver. La tranchée allemande, c'est une ligne, une ligne qu'on distingue à peine, comme la nôtre, au ras du sol, faite d'un soulèvement de la terre et d'une traînée de paille.

Un obus passe dans l'air. On écoute. C'est un tintement de clochettes qui l'annonce :

— Un 210, dit un poilu...

Alors, on écoute. Mais il est clair qu'il éclatera loin. Inutile de se terrer. Ça distrait.

Ou bien, l'obus produit un long sifflement sourd.

— Un 77, dit un autre poilu avec mépris.

Alors, on ne s'en occupe pas. Le 77 n'empêche pas de continuer la partie de carte ou de bouchon.

Ainsi, je laisse passer le temps. Mais il ne passe pas vite. Pourtant, mes dragons m'ont fait un abri confortable, couvert, avançant sous la terre devant la tranchée. C'est un salon souterrain. On peut y faire un feu timide. Il y a deux

matelas, et une table, et des bougies apportés du village.
Lire, écrire ? Mais on est tellement abruti ! Et lire quoi ?
Le *Bulletin des Armées*, que nous avons lu avec tant d'avidité,
au début, nous fatigue maintenant. Il a voulu se mettre
à notre niveau. Il a trop bien réussi...

Le jour passe encore. Et pourtant il fait froid. Et quand
il ne gèle pas, c'est pire ; car on enfonce dans l'argile qui fait
notre plancher.

Mais les nuits sont interminables. Impossible de s'assou-
pir. On grelotte. Et surtout, on reste angoissé, dans l'attente
de l'attaque, de la surprise. Le moindre bruit fait dresser
l'oreille. L'œil cherche avec anxiété dans la nuit, tâche de
découvrir, en avant du réseau de fil de fer, vers la ligne ennemie, des ombres se mouvant dans l'ombre. Ce n'est pas seulement notre vie qui est en jeu, mais, par derrière la tranchée,
tout le monde compte sur nous. Ce n'est point chez nous
qu'aura lieu la fissure, la brèche.

Et toute la nuit, nous restons aux aguets.

Et puis, il n'y a pas que le danger de l'attaque. Il y a
celui de la sape aussi. L'ennemi creuse, de sa tranchée, un
long couloir souterrain, une artère longue et profonde, qui
arrive jusqu'à nous et nous fait sauter. Nous le lui rendons
aussi. Nos sapeurs travaillent dans les ténèbres. C'est à qui
arrivera le plus vite. Pour ma part, je n'ai jamais vu sauter
de tranchée. Mais j'ai vécu dans la terreur, bien des nuits,
d'entendre, en collant mon oreille sur le sol, le bruit des
pioches et des pelles des soldats prussiens.

Voilà comment s'écoulent les jours et les nuits. On se
relève, puis on revient à la tranchée. Un jour de repos sur
quatre. Les incidents les plus notables sont la chute de la
pluie ou l'eau inondant notre galerie. Alors, on reste de
longues heures, les pieds dans la mare glacée. J'ai eu des
camarades obligés de tenir une tranchée avec de l'eau jusqu'à la ceinture, n'évacuant leur terrain que quand l'inon-
dation montait encore.

« Guerre d'usure », dit le Général en chef... « Nous les
usons ! » Cette idée nous réconforte. Sans cela, comment

aurions-nous le courage de laisser s'enfuir dans ce monotone ennui les heures, les jours, les semaines, les mois ?

« Je les grignote », a dit le grand Chef. Attendons.

Une seule chose nous démoralise parfois. Des attaques, des attaques inutiles sur des tranchées imprenables, protégées par les fils de fer. Pourquoi ces offensives de détail ? Nous y perdons trop d'hommes, et des meilleurs. Alors, c'est nous-mêmes que nous usons.

. . . .

. . . .

Il faudrait que cette guerre d'usure ne soit pas de l'usure pour nous ! Et pour cela il suffirait de suivre, dans leur esprit et dans leur lettre, les instructions du général Joffre, qui nous enthousiasme, qui a la confiance aveugle de toute l'armée. Il suffirait que certains officiers des états-majors particuliers consentissent à salir leurs bottes, à venir jusqu'à nos tranchées. Ils se rendraient compte de l'inutilité de petites attaques, et qu'il ne faudrait marcher aux tranchées adverses qu'au jour de l'offensive générale, quand on s'ébranlera sur toute la ligne.

Ce jour-là, combien de nous resteront sur le terrain, en avant des réseaux, devant le parapet des tranchées allemandes ? Mais peu importe, alors ; car d'autres passeront...

18 Octobre.

Puisque nous sommes dans les tranchées, pour tuer le temps, je vais tâcher de raconter un fait héroï-comique. Il mérite de rester dans les fastes de la guerre et du Parlement.

Mon peloton était sur la route, à quelques centaines de

mètres de lui, quand Jean Goujon, député et lieutenant, a été tué. Depuis, j'ai appris la mort à l'ennemi de Félix Chautemps et de Pierre Leroy-Beaulieu, réconciliés dans le même sacrifice héroïque de leur vie. Vingt autres de leurs collègues ont été cités à l'ordre ou décorés ; et le docteur Reymond, sénateur, était sur son avion frappé à mort en plein vol, Chevillon, Proust, Nortier, Chaigne... Morts à l'ennemi ! Les parlementaires, eux aussi, ont accompli leur devoir.

J'en connais un toutefois — je l'ai vu sur le front — dont l'attitude a fait la joie de la N^e division. Appelons-le X...

X... apparut à la séance du 4 août, en costume de chasseurs. Une bouffée de jeunesse envahit les couloirs où étaient accourus ses collègues... Il eut son heure de célébrité. Le lendemain, calme, il rejoignait son corps.

Etant allé voir le général qui formait sa division, il avait passé sa carte. On l'avait reçu tout de suite.

— Mon général, dit-il, je m'engage.

Le général admirait l'exemple donné.

— Mais, ajouta aussitôt notre parlementaire, je n'ai plus 20 ans. Veuillez me prendre à votre état-major.

La requête — c'était justice — fut accordée.

Le rapport de la place portait le lendemain : « Le chasseur X..., engagé volontaire, est affecté comme secrétaire à l'état-major de la N^e division. »

Tout alla bien, tant qu'on resta loin du front. Notre homme faisait du zèle. Il répondait à cinquante lettres par jour — par habitude. Il avait le verre facile. Il était choyé.

La division partit. Le 20 août, elle était dans les environs de Nancy. X... rayonnait d'être en campagne. Il avait un uniforme plus somptueux que jamais. Le général, pour sa bonne volonté, l'avait nommé sergent. Seulement, c'était moins drôle que dans son fief électoral. Là-bas, il se levait à sept heures, puis venait au bureau ; il s'en allait pour déjeuner avec quelques joyeux camarades. Après dîner, il rentrait se coucher dans l'hôtel confortable de la petite ville.

Le dimanche, il allait, en soldat, faire une tournée électorale... Sur le front, c'était changé. On avait passé une nuit dans un fourgon à bestiaux, une seconde sur la voie où l'on débarquait, la troisième dans une mauvaise grange. Rien à manger. Le service d'approvisionnement de la division fonctionnait encore mal, étant en pleine organisation. Quant aux paysans, rien à en tirer. X... ne les impressionnait pas, quand il disait :

— Vendez-moi votre poule : Je suis... représentant du peuple.

Ils préféraient garder leur poule en réserve ; car une période de privations s'annonçait pour l'hiver.

Notre homme déchantait.

Il y avait aussi ce diable de lieutenant-colonel, chef de l'État-major, qui était devenu exigeant et par trop autoritaire. Le sergent X... ne dormait plus, il ne mangeait plus, sans cesse dans ses paperasses. La nuée des secrétaires n'avait ni trêve ni repos. Lui surtout... était devenu le souffre-douleur du colonel.

Et puis, brusquement, le 22 août, on fut en contact avec l'ennemi. Sans préparation, sans transition, soudain, et pendant toute la journée, des obus formidables tombèrent sur la division. C'était une terrible pluie de mitraille. Le général avait établi son poste de commandement en plein champ, au croisement de deux routes. On était très mal, mais l'endroit était excellent pour le poste. Le colonel ne laissa pas au sergent X... une seconde de repos. Les dépêches arrivaient, les estafettes, les communications téléphoniques. Il fallait répondre, rédiger des plis, communiquer les ordres. X... était affolé. Et ces satanés obus continuaient à tomber à droite, à gauche, partout. Les voitures d'ambulance défilaient sur la route, et les brancardiers avec des civières ; des blessés se traînaient jusqu'au village. C'était lugubre.

Vers la nuit, l'ouragan se calma. Le sergent X... n'avait encore rien pris depuis le matin. Il n'en pouvait plus. Le pauvre homme ouvrait une boîte de conserves quand le colonel l'appela.

Immédiatement, ce fut un nouvel orage de menaces, plus terrible que l'orage de fer de tout à l'heure.

— Vous êtes idiot. Vous avez envoyé au général du corps d'armée un ordre pour l'une de nos brigades et à la brigade le compte-rendu pour le général du corps. Vous n'êtes qu'un b.... de s.... A l'heure actuelle, le général du corps ne sait pas encore ce qui s'est passé... J'en ai assez, vous entendez... Je vous enverrai faire de la politique ailleurs, Monsieur..... Rompez. Vous aurez huit jours de prison !

Sous cet orage-là, X... resta impassible.

Il sourit.

— Non, dit-il...

Et il remuait la tête tranquillement.

— Vous êtes saoul ? lui cria le colonel.

Mais, toujours plein de sécurité, X... reprit :

— Ecoutez, je vois que ça ne va pas entre nous. J'aime mieux vous le dire tout de suite : Je m'en vais !...

Pour le coup, le chef d'État-major pensa devenir fou.

— Ah ! vous allez user de vos relations politiques, vous faire changer de corps... Soit. En attendant, vous êtes puni.

X... souriait.

— Eh non ! Je ne suis ici que comme volontaire. Puisque nous ne nous entendons pas, je pars. Voilà tout.

Et il s'en alla en haussant les épaules.

Le colonel voulait le faire passer en conseil de guerre le lendemain. Mais le général redouta une histoire ennuyeuse et fit venir le révolté. C'était exact : Il n'avait signé aucun papier. Il était venu dire : Je m'engage. On ne lui en avait pas demandé davantage. On ne s'était pas inquiété de savoir si les formalités étaient remplies, l'engagement dûment paraphé. X... n'était à l'armée que comme amateur !

On télégraphia, on prit des renseignements. C'était indiscutable. Le chasseur X..., nommé sergent, n'était qu'un simple civil. Mais il n'était ni sergent, ni chasseur.

Alors, comme il en avait assez, il n'avait qu'à s'en aller.

C'est ce qu'il fit. Il prit le premier train d'évacuation de blessés.

Je ne l'ai pas revu.

Mais je devine les belles histoires qu'il a racontées lors de la réunion des Chambres, et les félicitations qu'il a reçues de ses collègues pour son courage et pour ses galons !...

25 Octobre.

C'était la lisière de la forêt de Parroy, à la frontière même.

Tout le pays est rempli de ces bois impénétrables, entre Lunéville et Nancy. Ils ont joué leur rôle pendant la bataille du Grand Couronné. Ce sont des guêpiers. Nous occupions celui-ci.

Des tranchées profondes nous abritaient à la lisière du bois. Plusieurs attaques allemandes avaient échoué contre elles, bien qu'on fût démuni de fil de fer. A huit cents mètres environ, les Saxons avaient leurs tranchées.

A mi-distance entre eux et nous, une ferme, une ferme importante en temps de paix — au centre d'une plaine riche, près de la forêt, près de la rivière. Plusieurs corps de bâtiments, une cour entourée de murs. Le tout en ruine, depuis les furieuses attaques des semaines précédentes.

Cette ferme, nous la maudissions. En avant de notre ligne de tranchées, nous ne pouvions pas l'occuper. Quand on la tenait, il était impossible d'aller porter les munitions et les approvisionnements au peloton qui y était. Et pour celui-ci, arrosé d'obus, criblé de balles qui, à 400 mètres, perçaient les murs, la position était intenable. Si on laissait la ferme vide, les Allemands l'occupaient sur le champ, et, malgré leurs pertes, ils en faisaient une redoute avancée d'où ils arrosaient notre ligne. Somme toute, il n'eût fallu qu'une chose : que la ferme fût démolie.

Deux pelotons de mon escadron occupaient la première tranchée. Je les commandais. La ferme semblait vide. On m'avait donné l'ordre, la nuit tombée, de ramper avec un peloton jusqu'à la ferme, d'y rester pendant la nuit, d'empêcher ainsi les Allemands de s'y installer, puis de rentrer au point du jour.

C'est ce que nous fîmes. A peine l'ombre venue, nous nous glissions jusqu'à la ferme, tandis que, dans la tranchée, on tirait quelques coups de feu — histoire de distraire les Allemands et de détourner leur attention. En quelques minutes, nous étions arrivés. Silence absolu. A minuit, un bruit léger chez les Saxons. Ils approchent. Je les vois ramper. Je les laisse venir. Ils glissent au ras de terre pour se parer des balles qui peuvent partir de la tranchée, mais ils ne se protègent pas contre nous. Ils croient les bâtiments vides.

Il y a là une section. Ils n'ont pas leur casque, et semblent venir à la promenade. Chez nous, pas un souffle. L'officier allemand seul est debout. Quand ils sont à quarante mètres, ils se lèvent tous, se croyant protégés par les murs des feux de la tranchée. J'attends deux secondes. Je suis un peu ému. Puis je crie à plein poumons : « Feu à volonté!... » Une décharge effroyable. Pas un Saxon n'est debout. Quelques blessés hurlent. Comme les Allemands tiraient de la tranchée, nous n'avons pas pu les chercher. J'ignore s'ils sont morts là, ou s'ils ont rejoint leur ligne, en rampant, avec les survivants.

Avant l'aube, nous étions revenus chez nous. Pas un blessé.

Le soir, même tactique, exécutée par un autre peloton.

Pendant toute la journée, les Allemands s'escrimaient à tirer sur la ferme. Balles perdues. On ne répondait pas... puisqu'il n'y avait personne. Mais le soir, elle était occupée quand ils essayaient leur attaque.

La plaisanterie dura toute la semaine.

Un soir, c'était à moi à retourner à la ferme. Tranquillité jusqu'au petit jour. Au moment où, suivant les ordres reçus, j'évacuais la bicoque, je remarque une attaque de Saxons. Que faire ?

Revenir la défendre ? Ce n'était point là ma consigne.

La laisser prendre ? C'était ennuyeux.

Mes hommes se repliaient vers la tranchée. J'étais hésitant. Un fait me décida : ils étaient trop nombreux. Nous serions morts inutilement. Un bataillon allait attaquer les murs vides de la maison...

En effet, quelques minutes après, nous étions dans nos tranchées et les Allemands dans la ferme.

Sans doute, c'était le commencement d'une offensive. Je prévins le capitaine. En quelques instants, chacun fut sur pied.

Mais rien. Des ombres seulement, aux clartés indécises de l'aube, s'agitant autour de la ferme. Nous tirons sur elles. Puis soudain, une gerbe de feu.

Une gerbe de feu immense. Le grenier à foin allumé, les meules de paille embrasées, l'incendie à tous les pans de mur.

C'était formidable.

La ferme nous gênait les uns et les autres. Nous autres, nous avions trouvé pour parer à cette gêne la ruse que je vous ai racontée. Les Allemands avaient trouvé un moyen plus expéditif : ils la brûlaient.

Mais soudain, le spectacle nous glaça...

Voici que des flammes marchaient, s'agitaient, couraient, comme des feux-follets, et que des hurlements éclataient, des cris de fou.

Il n'y avait pas que la ferme qui brûlait, mais des hommes brûlaient aussi, se roulaient à terre, se précipitaient vers les Allemands ou vers nous, brasiers vivants, léchés par le feu. Vingt autodafés crépitaient et couraient, sous la lumière de l'aube rouge qui se levait...

Quelques soldats saxons affolés, entre autres l'un de ces malheureux embrasés parvenu jusqu'à notre tranchée, que

VITRIMONT. — Le Village vu du Château
(8 Octobre 1914)

Gravure extraite de l'Album :
DEVANT LE GRAND COURONNÉ, par Alfred Lévy.

nous pûmes « éteindre » et qui vécut encore deux heures,
— nous expliquèrent le mystère.

Nous avions supposé quelque épouvantable cruauté allemande. Ce n'était point cela. Voici l'explication : Un bataillon
avait été envoyé pour prendre la ferme... Une vingtaine
d'hommes, munis de leurs engins incendiaires, — une sorte de
poudre condensée affectant la forme de pastilles, de macaronis, ou de petites lattes de bois — devaient allumer le feu.
L'un d'eux, par maladresse, avait laissé les flammes d'une
meule allumée s'emparer de ses vêtements, de son sac rempli
de ces matières fusibles. En quelques secondes, il était une
torche mouvante. Ses camarades, affolés, ivres pour la plupart, peu sûrs de leurs mouvements, inflammables à cause de
la poudre incendiaire qu'ils portaient, et des bidons de pétrole, ses camarades avaient pris feu en lui portant secours.

Et c'étaient ces brasiers de chair humaine, éperdus et
hurlants, que nous venions de voir flamboyer sous la pourpre
éclatante du soleil levant.

30 Octobre.

C'est toujours l'ennui morne de cette vie dans les tranchées. Il faut être sans cesse en haleine, sans un instant de
répit.

Quel héroïsme que celui des fantassins qui sont appelés
à rester là pendant toute la guerre ! Pour nous, cela ne va
durer que quelques semaines, le temps de reformer les escadrons dont les chevaux sont épuisés. Nos missions de cavalerie permettent bien plus facilement de se mettre en valeur.
On ne court pas plus de dangers et l'on y risque plus de gloire.

Charger contre une patrouille, traverser même la ligne
ennemie, arriver jusqu'à une tranchée, déterminer en s'ap-
prochant très près la situation d'une batterie, surprendre
un petit poste, voilà notre rôle dans cette guerre. La poursuite de l'ennemi battu, ce sera pour le printemps. Il faut un
peu d'initiative et du courage au moment décisif. Mais pour
rester muet dans une tranchée arrosée d'obus, toute une
journée, des semaines, sans cesse à veiller, il faut un courage
constant, permanent, sans défaillance, patient, qui est un
long héroïsme...

1er Novembre.

Malgré les attaques inutiles, malgré ces offensives par-
tielles où nous avons perdu des hommes sans profit, cette
guerre de tranchées et d'épuisement nous profitera. Le génie
du général Joffre a clairement vu les choses. Sa tactique,
même légèrement trahie, vaincra.

Comme nous sommes las ! Je suis convaincu, devant les
incroyables fatigues physiques de cette guerre, que ce sera
là une des causes principales qui amèneront la décision, l'é-
crasement et la paix. Notre tactique a été la bonne de ne
pas avoir amené tout notre monde sur le front, d'avoir des
réserves pour le printemps, des troupes neuves. Puis, ce
seront les forces anglaises, indiennes, canadiennes, qui arriveront sans être minées par six ou huit mois de cauchemar,
et qui infuseront aux armées un sang nouveau. Il y a les
Russes aussi, qui ont heureusement des réserves inépui-
sables.

Les Allemands ont mis en campagne, dès le début, tout

ce qu'ils pouvaient. Aussi chaque soldat est-il éreinté. Au printemps, les renforts qui leur arriveront seront noyés dans des régiments à bout de souffle. Déjà, quand ils le peuvent, ils refusent le combat et se rendent. Ce qui les soutient encore, c'est la certitude qu'ils ont de la victoire. Le jour où ils auront reçu un grave échec, où ils auront été culbutés par delà la Moselle, le jour où chaque soldat allemand craindra pour sa patrie la défaite... — ce jour-là, nous aurons des capitulations en masse, des redditions de compagnies entières et de bataillons. Un sous-officier que nous avons fait prisonnier hier, et qui est avocat à Essen, ne me le cachait pas : « Si la foi de nos hommes est ébranlée, leur fatigue les écrasera et vous prendrez des troupes entières ; au combat, il n'y aura plus de résistance contre vous. Mais, j'espère que vous ne remporterez pas de victoire capable d'ébranler cette confiance... »

Voilà. Tout est là. Non pas une série de victoires aussi dures que celle de la Marne, aussi longues à préparer que celle que nous attendons. La guerre n'en finirait pas. Mais une seule victoire décisive et qui, démoralisant des troupes épuisées, des troupes qui ne tiennent que par leur volonté morale et leur foi, précipitera les événements.

Les Allemands du Sud donneront l'exemple. Car le Prussien est inébranlable. C'est vraiment un soldat de race, — de la race des Huns et des Goths. Mais les Saxons, les Badois, les Souabes, sont moins enflammés pour la bataille. Ils se battent bien et sont de rudes adversaires — mais plus loyaux, — les Saxons surtout. Ils luttent admirablement — avec conscience — pour ne pas être pris. Mais s'ils sont prisonniers, ils sont enchantés, avec le sentiment du devoir accompli. Je ne leur ai jamais vu commettre d'atrocités.

Ils laissent cela aux Prussiens et aux Bavarois. Ce sont ces derniers qui sont les pires bandits qu'il se puisse trouver. A eux est dû le saccage de la Lorraine française, les cruautés sans nombre, les actes atroces et vils, partout où ils ont passé. Ce sont les seuls adversaires pour qui je n'aie pas de respect. Je ne tends pas la main à un officier bavarois, quand nous le faisons prisonnier. Violents dans la bataille, tenaces, mais passés maîtres dans l'art des ruses viles : se cacher dans des ambulances pour tirer ou nous attirer sous leur feu, grâce au drapeau blanc.

Implacables et hautains avec les civils dans les villes dont ils sont les maîtres, humbles et lâches quand ils sont prisonniers, et hypocrites fieffés. Pillards comme il n'en est pas d'autres, bas jouisseurs, ivrognes terribles, violeurs de femmes, brûleurs de ville, incendiaires, voleurs, assassins. Le peuple de Bavière nous laisse des comptes singuliers à régler avec lui. Il est dommage que l'unité allemande ne nous permette pas, demain, de le distinguer des autres peuples germaniques, quand il s'agira d'établir les clauses du traité de paix.

Nous sommes en patrouille. La grande route dénudée s'étend à perte de vue entre des collines détrempées. Un ciel gris et bas. Il pleut. Les flaques d'eau font miroiter la route. Tout à coup, un grand bruit derrière nous. Nous nous rangeons. Ce sont des autobus qui passent.

Une vingtaine d'autobus qui défilent... Ils sont vides... Tout frémit sur leur passage. Bons vieux autobus parisiens, Madeleine-Bastille, Clichy-Odéon. La nostalgie de Paris nous saisit. Il me semble voir les boîtes sonores passer dans la poussière d'un beau soir de juillet, tandis que le soleil incendie l'Arc de Triomphe et l'avenue du Bois, — ou ces boîtes ébranler les rues dans lesquelles la foule se presse, sous la brume parisienne, au milieu de la lumière ivre des becs électriques et des devantures...

Quand nous recevons des journaux de Paris, nous nous précipitons sur eux pour les dévorer. Ils circulent de main en main et ne cessent d'être lus que quand ils sont déchirés, maculés, usés, oui, littéralement usés...

Et pourtant que de fois ils offrent peu d'intérêt, que de fois nous y cherchons en vain l'attente [du pays! Aucun écrivain n'élèvera-t-il la voix, une grande voix nationale, comme celle de Gambetta en 1870... Clémenceau ?... Oui, quand la censure ne mutile pas ses articles !...

Ah ! si l'on jugeait l'attitude de la population civile aux articles des journaux, comme ce serait triste... Ici, sur la ligne du feu, nous nous battons... Là-bas, à l'intérieur, on fait une enquête pour savoir quel nom donner à l'eau de Cologne débaptisée ! On polémique pour fixer la meilleure manière de porter notre deuil ! Misérables occupations... On se plaint parce qu'il faut se coucher à dix heures, parce que les théâtres sont fermés, parce que le pain n'est pas assez blanc, « du pain qu'on n'aime pas », dit un des plus purs écrivains de ce temps... Venez manger le nôtre, Monsieur, et le « singe » qui l'accompagne... Et l'on perd son temps ridiculement, pour prouver que Beethoven n'était pas allemand... Etrange façon de faire la guerre à la Prusse.

Est-ce avec ces pauvres polémiques de journalistes à court de copie, qu'on assurera la défaite de l'Allemagne et qu'on rendra invincible l'élan de la Nation ?

*
* *

Les Allemands occupent toujours les villages à la lisière de la forêt de Parroy, sur la rive nord du Sanon et du canal de la Marne au Rhin. C'est une menace pour nos tranchées qu'ils dominent des hauteurs bordant le canal. Leurs pièces de campagne plongent sur elles. Ils tiennent ainsi le village d'Hénaménil. C'est leur poste le plus avancé. De plus, ils menacent de cette pointe le bourg important d'Einville que nous tenons.

Dans la nuit, nos batteries de 75 et de 90 ont arrosé Hénaménil. La compagnie saxonne qui l'occupait s'est retirée sous cette pluie de shrapnells contre laquelle elle ne peut rien. Une patrouille qui était allée juger des effets du tir arrive annoncer que le village est évacué. Les batteries se sont tues. Il est quatre heures du matin. Nuit noire.

Le général a envoyé l'ordre suivant : « Deux pelotons de cavalerie partiront immédiatement pour Hénaménil. Ils occuperont le village qui vient d'être évacué et seront rendus à six heures. Ils tiendront contre toute attaque ennemie jusqu'à l'arrivée de l'infanterie. »

Je pars immédiatement avec cinquante hommes. A cinq heures et demie, nous sommes à Hénaménil. Le village est dans un creux, au bord du Sanon et du canal. Il est vide. Notre arrivée effare les rares habitants, qui pensent entendre le retour des Allemands. Les chevaux sont entrés dans trois écuries. Je laisse le mien avec mon ordonnance et deux hommes devant l'église, afin d'être plus rapidement en selle, s'il est besoin.

Au sud, inutile de se garder : c'est la forêt de Parroy et les villages que nous occupons. Je laisse deux hommes à chacune des routes qui mènent au village. Au nord, il y a une barrière pour nous protéger : le canal. Un seul passage : le pont ; deux chars renversés, de la terre hâtivement chargée dans quelques sacs, et voilà une barricade. Là derrière, nous tiendrons longtemps. J'ai avec moi une trentaine d'hommes. Les autres gardent les chevaux ou surveillent les autres issues. Ils ont leur carabine. Je leur ai fait prendre aussi des sabres, qu'ils laissent à côté d'eux.

Un quart d'heure se passe. Sur la route qui vient de Parroy, les uniformes gris apparaissent presque invisibles dans l'aube grise.

— Laissons-les approcher.

Ils s'engagent sur la route qui mène au village, ils sont à trois cents mètres. Mais ils marchent avec prudence, en se défilant des deux côtés du chemin. Il n'y a qu'une section. Je ne distingue pas l'officier. Sans doute, suivant leurs dernières instructions, porte-t-il un sac, comme les hommes, et cache-t-il sous sa capote ses jumelles. Rien ne le distingue de la troupe.

A deux cents mètres, un coup de sifflet. Les voilà tous qui se sont démasqués, qui courent à la barricade.

— Visez chacun un homme. Visez bien... Attention... A volonté !... Feu !...

Une brusque décharge, puis un crépitement continu.

— Cessez le feu.

Une quinzaine d'hommes ont dégringolé. Les autres se sont couchés dans le fossé, derrière un arbre. Ils s'enfuient en rampant.

— Tâchez d'atteindre ces fuyards.

J'ai pris une carabine et je vise aussi ceux qui bougent. On ne nous riposte pas. Je me dis : Si c'est toute leur attaque, nous n'aurons pas grand mal.

A cent mètres en avant, au milieu de la route, il y a un homme étendu. Il a sorti son mouchoir de sa poche et l'agite en criant : « A moi ! » C'est le gaillard qui était en tête. Ce doit être l'officier. Deux hommes vont le chercher et me l'amènent. C'est un sous-lieutenant. Il me dit : « Je suis fichu. » Effectivement, il a deux balles dans le ventre. Je lui réponds : « Mais non, mais non... » Il reprend : « Si, je le vois. Prenez mes papiers. Vous les enverrez à ma sœur, à Leipzig... Je suis fiancé... »

Par deux hommes je le fais transporter dans la première maison du village. On l'étend sur un lit. Il est mourant. Il a encore ouvert les yeux et me remercie en souriant : « Triste guerre, monsieur, me dit-il... » Mais je dois le quitter. Je lui serre la main : « A tout à l'heure. » Et je laisse près de lui un homme qui soutient sa tête d'agonisant. Il me répond : « Tout à l'heure, je serai mort. Bonne chance, Monsieur. Ne vous faites pas tuer. Vous allez être attaqué par un bataillon... »

Le renseignement est précieux. Mais il me laisse rêveur. Sept heures du matin. Rien en vue. Puis, tout à coup, sur la route, une mouvante ligne grise. Quelques secondes plus tard, le sifflement des balles qu'on nous envoie. A présent, ils savent qu'il va falloir enlever le village. Ils prennent leur temps. Ils sont couchés, en tirailleurs, le long du canal et nous fusillent. Nous ne répondons pas : ce seraient des balles perdues. Ils ne nous font pas de mal, du reste. Pourtant, sur la barricade, c'est une pluie de plomb. Mais mes hommes l'ont quittée. Je les ai fait mettre à côté, derrière un talus. Il sera toujours temps de revenir, si une attaque se dessine.

Les Allemands tirent toujours. On ne s'en soucie plus. Un sous-officier a ouvert une boîte de conserves et déjeune tranquillement.

La fusillade est plus vive. Un guetteur me crie : « J'en vois qui s'avancent sur la route. » C'est vrai. Ils rampent. Mais ils ne peuvent guère avancer : ils seraient fusillés par les leurs. Les feux cessent. Alors ceux qui rampaient se lèvent, et ils courent à la barricade. Mes hommes y sont tous aussi. Mais les Allemands s'avancent en tirant. Nous sommes mal protégés par ce moyen de défense hâtivement élevé. Deux dragons sont atteints. Mais toute la section allemande qui progressait est fauchée.

Un temps d'arrêt. Puis, une nouvelle section déferle. C'est terrible. Six fois ils ont fait cela. Six fois, ils ont été arrêtés net dans leur élan. Et il n'y a pas à dire : il faut qu'ils passent par ce pont, qu'ils s'offrent à nos coups... Mais je perds du monde. Je n'ai plus qu'une vingtaine d'hommes. Est-ce que je ne finirai pas par être débordé ?

Cependant, je laisse là la barricade et je vais voir les autres issues. Rien d'anormal. Les habitants sont terrés dans leur cave. Le crépitement des balles a cessé ; nous avons un moment d'accalmie. Un brave homme de paysan sort de sa maison et m'appelle.

— Vous pouvez monter au clocher. Vous verrez toute la campagne.

En effet, on domine tous les environs. Dans le clocher, il y a à peine la place pour la grosse cloche, les millions d'araignées que je dérange, un vieux hibou et moi. Au nord, la ligne du canal et de la rivière et tous les uniformes gris derrière les berges, immobiles. Au sud, la forêt de Parroy.

LA PLACE DE REHAINVILLER

LES RUINES D'HÉRIMÉNIL

Une chose m'inquiète. Avec ma jumelle, je viens de voir le long du canal, mais sur notre rive, un mouvement, une ondulation. Cela se précise. C'est une compagnie allemande. Elle a traversé le canal au village précédent, non sans témérité ; car elle était sous le feu de nos tranchées, là-bas. La voici maintenant qui progresse. Nous allons être attaqués de ce côté également. Et une patrouille de cavaliers la précède, arrive vers nous au grand trot, s'engage dans un étroit chemin encaissé qui mène au village, où deux hommes seulement gardent le passage. Ils sont une douzaine de chevaux-légers bavarois. Mes hommes vont être culbutés.

Je descends quatre à quatre du clocher. En bas de l'église, j'ai laissé mon cheval et trois hommes. Nous nous précipitons en selle et galopons vers les cavaliers allemands. Justement, ils vont déboucher dans le village, après avoir tué une des vedettes. L'autre s'est enfuie.

— Chargez !

Nous nous précipitons sur eux, à plein galop. Quatre contre douze. Ils ne s'attendaient pas à notre choc et allaient au trot. Le chemin est étroit et ne permet pas à plus de deux cavaliers d'être de front. J'en abats un d'un coup de revolver. Mon ordonnance, à côté de moi, atteint un autre à la gorge, avec son sabre. Notre élan est irrésistible. Les chevaux des Allemands se cabrent et tournent bride. Mes trois hommes les poursuivent. L'un d'eux roule par terre. C'est son cheval seulement qui a été tué. Ils abattent encore deux cavaliers et reviennent avec leurs chevaux. Tous les autres se sont enfuis.

L'alerte est passée. Mais nous allons être abordés par l'infanterie. Je laisse les chevaux seuls à l'écurie, et tous les hommes sont aux trois barricades — cinq ou six à chacune, les autres à la principale. Mais l'accalmie continue. Soudain, je comprends pourquoi. Un obus vient de siffler en l'air. Ils veulent d'abord nous décimer avec de l'artillerie. Une seule pièce de 77, mais dont le tir est bien réglé. Les obus éclatent trop haut. Cependant, ils inondent le village. Ils tombent à droite et à gauche de ma barricade principale, près du pont. En même temps, une mitrailleuse tâche de nous faucher. La danse dure dix minutes. Pas un de mes dragons n'est touché.

A peine le calme est-il rétabli, que la fusillade reprend, de tous les côtés ; chaque issue est attaquée. Nous ne manquons pas de munitions. Cette fois, ils sont décidés à ne pas laisser couper leur élan.

— Feu à volonté !

Cela dure un quart d'heure. Je cours d'une barricade à l'autre. Mes sous-officiers et mes hommes sont héroïques. Sans émoi, ils laissent approcher la vague, puis elle s'aplatit sous leur feu.

A un moment, nous sommes débordés. J'ai plusieurs blessés. Douze hommes seulement debout, à la barricade du pont, et la section nouvelle qui attaque malgré les morts, est là, derrière les voitures renversées et les poutres. Que faire ? On est presque poitrine contre poitrine ! Ils peuvent nous atteindre avec leur large baïonnette. Nous les fusillons à bout portant. D'autres arrivent à notre rempart.

— Chargeons-les, mon lieutenant, me crie un maréchal-des-logis.

Je fais signe que oui.

Les hommes ont entendu.

— Nous n'avons pas de baïonnette, fait l'un avec désespoir. Et il continue à tirer.

Je hurle d'une voix de stentor.

— Au sabre... Au sabre comme moi... Vous êtes tous officiers !... Pour la charge... En avant !

Trois blessés continuent à tirer. Dix hommes derrière moi, d'un seul élan, comme des diables, se précipitent contre les Allemands. Des coups de pointe. Le sabre pare le coup de baïonnette, coupe la main, entaille la figure, entre dans l'uniforme gris..

Au sabre ! C'est vraiment une fureur française. Et c'est à pleurer de commander de tels hommes ! En cinq minutes, la section allemande est culbutée ; les survivants s'enfuient. La barricade est dégagée.

Sept hommes reviennent avec moi derrière le retranchement.

Une nouvelle accalmie. Mais c'est terrible : huit heures et demie. Je n'ai plus en tout qu'une vingtaine d'hommes. A quelle heure va venir l'infanterie ? Le canon a repris. Les shrapnells tombent autour de nous, comme une pluie. Nous ne pouvons nous terrer, de crainte d'une attaque.

Je dis à un sous-officier : Si je suis atteint, vous prendrez le commandement. Nous devons tenir jusqu'au dernier homme.

— Oui, mon lieutenant.

Les obus sifflent. Ils sont précis. Celui-ci va tomber très près... Oui, très près... Un coup brusque à la poitrine, et j'ai la sensation de m'endormir. Je dis encore : « Je suis fichu ! Tenez ferme... » et je perds connaissance.

Je me réveille vingt minutes après. Un de mes plus vieux compagnons de lutte, un des plus braves parmi mes hommes, a été tué par le shrapnell qui vient de m'enfoncer la poitrine. J'étouffe. J'ai la gorge remplie de sang qui monte des poumons.

Mon sous-officier vient d'être tué. Je suis étendu contre le mur de la maison, où est mort ce pauvre lieutenant saxon. La fusillade crépite encore. On ne nous attaque plus que d'un côté, heureusement. Mon ordonnance pleure. En pleurant, il est monté au clocher. Dans mon angoisse nerveuse, j'ai envie de rire, je ne sais pourquoi.

— Sœur Anne, ma sœur Anne, ne vois-tu rien venir, lui dis-je ?

— Rien de nouveau, mon lieutenant...

Nous nous serons fait tuer pour rien. Ces maudits fantassins n'auront pas eu le temps d'arriver.

Mon ordonnance revient de faire la tournée aux quatre retranchements. A l'un d'eux, il n'y a plus qu'un homme solide... Des blessés tirent encore.

Douze hommes intacts en tout. Un brigadier s'avance :

— Que ferons-nous, mon lieutenant ?

— Tenez bon. Les fantassins vont être là...

Ils devaient arriver à neuf heures. Il est neuf heures dix. Le sang m'étouffe.

— Des dragons ne se rendent pas ! Faites-vous tuer...

Il branle la tête une seconde... Puis résolument, sans éclat :

— Oui, mon lieutenant...

Et il part commander le feu à la barricade.

Une nouvelle attaque se dessine.

Mon ordonnance est monté de nouveau au clocher. Je suis haletant. Vont-ils arriver ?

La mitrailleuse crépite, et les fusils... Nous sommes perdus... J'ai tiré mon revolver et le portrait de ma femme. Je ne me laisserai pas prendre, déjà à moitié mort, et tous mes hommes tués.

Tout à coup, un cri de joyeuse surprise. C'est mon ordonnance. Je ne le vois pas, mais du haut du clocher, il hurle :

— Les voilà ! Les voilà...

Sans ordre de moi, il est en bas, il est à la barricade où il annonce :

— Tenez ferme, les voilà !

Il a pris son cheval et s'est précipité, par derrière le village, vers les arrivants pour les faire hâter...

Cinq minutes s'écoulent, cinq siècles... Puis une compagnie, toute une compagnie de chasseurs — oh ! les braves petits uniformes bleus — débouche devant l'église. Un lieutenant court à la barricade avec ses hommes. Le feu reprend... Nous sommes sauvés !

Mes hommes reviennent et m'entourent — ceux qui restent : Il y en a neuf !

Neuf sur cinquante !

Mon ordonnance m'amène le capitaine de chasseurs. Je ne peux me lever. Je lui dis :

— Je vous passe le commandement, mon capitaine...

Une heure après, les Allemands étaient définitivement repoussés, et l'on pouvait nous évacuer. Ils ne sont jamais revenus là, et ils sont restés au delà de leur frontière...

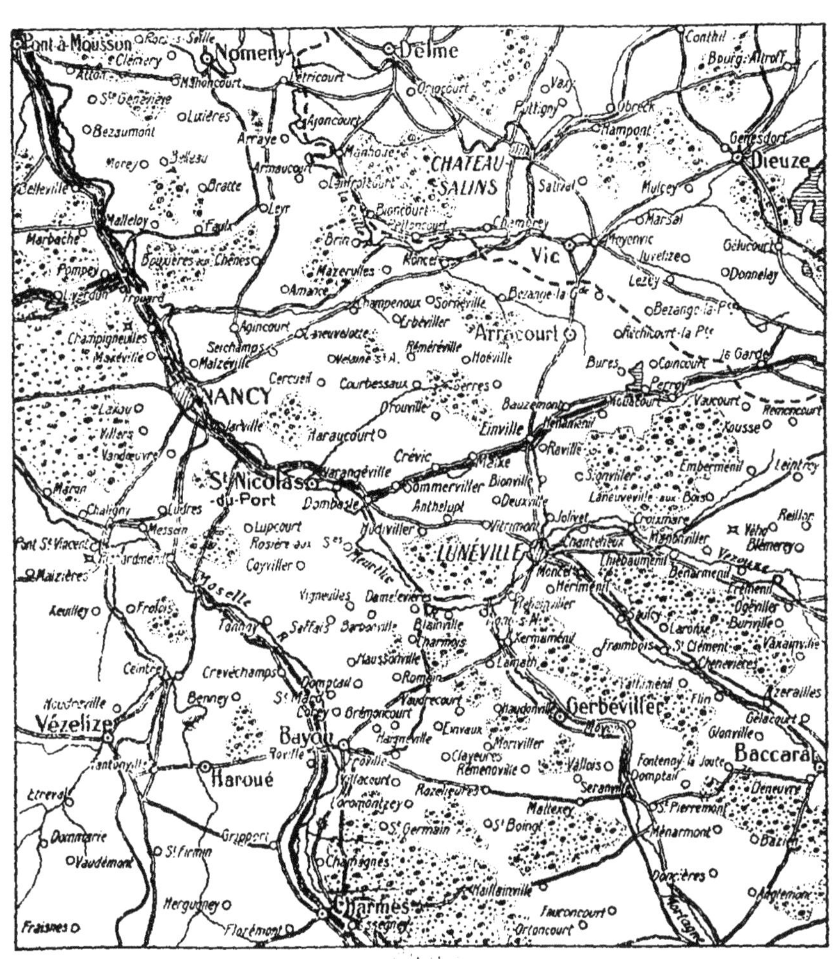

CARTE DE LA BATAILLE DE LORRAINE

TABLE DES GRAVURES

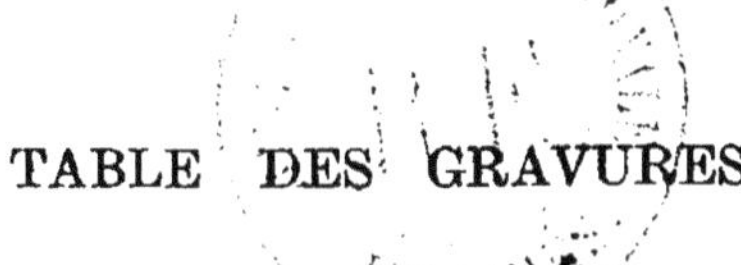

PAGES D'HISTOIRE, 1914-1915
Série de fascicules in-12, brochés.

LIBRAIRIE MILITAIRE BERGER-LEVRAULT

PARIS, 5-7, RUE DES BEAUX-ARTS — RUE DES GLACIS, 18, NANCY

Les Campagnes de 1914, par Champaubert. Avec 23 cartes schématiques indiquant les positions des armées. 1915. Volume in-12 . . . . 60 c.

Chronologie de la Guerre (*31 juillet-31 décembre*), par S.-R., membre de plusieurs sociétés savantes. 1915. Volume in-12. . . . . 40 c.

Cinq mois de Guerre (*août-décembre 1914*), par le même. Volume in-12. 30 c.

Des Lignes de Tchataldja au canal de l'Yser. *Kirkilissé-Charleroi. — Lule-Burgas - La Marne. — Tchataldja-Les Flandres*, par ***. 1915. Un volume in-8, avec 14 croquis dans le texte . . . . 1 fr. 50

Le Front. *Atlas dépliant de 32 cartes en six couleurs.* Préface du général Cherfils . . . . 90 c.

Les Parisiens pendant l'état de siège, par Raymond Sérís et Jean Aubry. Préface de Maurice Barrès, de l'Académie Française. 1915. Beau volume in-8 écu, avec 43 illustrations, couverture artistique, broché. . . . . . . 3 fr. 50

L'Allemagne et la Guerre, par Émile Boutroux, de l'Académie Française. 1915. Volume in-12. . . . . 40 c.

La Séance historique de l'Institut de France, *26 octobre 1914*. Préface de Henri Welschinger, membre de l'Institut. Volume in-12 . . . . 60 c.

La Journée du 22 décembre (Rentrée des Chambres). Préface de Henri Welschinger, membre de l'Institut. 1915. Volume in-12 . . . . 60 c.

Extrait du «Bulletin des Armées de la République.» Les *Premiers-Paris* et les *Premiers-Bordeaux*, du 15 août au 9 décembre 1914. Trois volumes in-12, chacun à . . . . 60 c.

Patrie et Guerre, par le capitaine Henri Choppin, lauréat de l'Académie Française. 1915. Un volume in-12 de 240 pages, broché. . . . . 1 fr.

Les Poètes de la Guerre. *Recueil de poésies parues depuis le 1er août 1914.* Préface en vers de Hugues Delorme. 1915. Volume in-12 . . . . 75 c.

Paroles allemandes. Préface de l'abbé E. Wetterlé, ancien député d'Alsace au Reichstag. 1915. Volume in-12 . . . . 90 c.

La Folie allemande. *Documents allemands*, par Paul Vernier, chargé de cours à la Sorbonne. 1915. Volume in-12. . . . . 30 c.

La Haine allemande. *Impressions d'Allemagne*, par le même. 1915. Un volume in-12. . . . . 40 c.

Les Neutres. — **Voix américaines sur la Guerre de 1914-1915.** Articles traduits ou analysés par S. R., membre de plusieurs sociétés savantes. 1915. Deux volumes in-12, chacun à . . . . 60 c.

—**La Suisse et la Guerre.** 1915. Volume in-12 . . . . 60 c.

—**Les Allemands en Belgique** (**Louvain et Aerschot**). *Notes d'un témoin hollandais*, par L.-H. Grondijs, ancien professeur à l'Institut technique de Dordrecht. 1915. Volume in-12 . . . . 60 c.

La Grande Guerre par les Artistes, paraissant le 1er et le 15 de chaque mois, par fascicules de 8 planches (format 32×25). Dix fascicules parus. Prix de chaque fascicule . . . . 80 c.

Gerbéviller, 1914. *Huit lithographies aux trois crayons* par V. Prouvé. Épreuves avant la lettre, avec la signature de l'artiste, sous couverture illustrée. In-4 . . . . 3 fr. 50

En Guerre. *Album pour Enfants.* Texte et images de Charlotte Schaller. Album in-4, avec 40 images coloriées au patron, cartonné . . . . . 3 fr. 50

Histoire d'un brave petit Soldat. *Album illustré.* Texte et images de Charlotte Schaller. Album grand in-4, avec 50 images en chromo-lithographie, cartonné . . . . 3 fr. 50

NANCY-PARIS, IMPRIMERIE BERGER-LEVRAULT

9 782019 924577